Svenja Hausener, Gerhard Kühn, Peter Möhlmann

Herausgeberin: Svenja Hausener

Arbeitsheft Automobilkaufleute

2. Ausbildungsjahr

1. Auflage

Bestellnummer 00734

■ Bildungsverlag EINS
westermann

Die in diesem Produkt gemachten Angaben zu Unternehmen (Namen, Internet- und E-Mail-Adressen, Handelsregistereintragungen, Bankverbindungen, Steuer-, Telefon- und Faxnummern und alle weiteren Angaben) sind i. d. R. fiktiv, d. h., sie stehen in keinem Zusammenhang mit einem real existierenden Unternehmen in der dargestellten oder einer ähnlichen Form. Dies gilt auch für alle Kunden, Lieferanten und sonstigen Geschäftspartner der Unternehmen wie z. B. Kreditinstitute, Versicherungsunternehmen und andere Dienstleistungsunternehmen. Ausschließlich zum Zwecke der Authentizität werden die Namen real existierender Unternehmen und z. B. im Fall von Kreditinstituten auch deren IBANs und BICs verwendet.

Die in diesem Werk aufgeführten Internetadressen sind auf dem Stand zum Zeitpunkt der Drucklegung. Die ständige Aktualität der Adressen kann vonseiten des Verlages nicht gewährleistet werden. Darüber hinaus übernimmt der Verlag keine Verantwortung für die Inhalte dieser Seiten.

service@bv-1.de
www.bildungsverlag1.de

Bildungsverlag EINS GmbH
Ettore-Bugatti-Straße 6-14, 51149 Köln

ISBN 978-3-427-**00734**-0

westermann GRUPPE

© Copyright 2017: Bildungsverlag EINS GmbH, Köln
Das Werk und seine Teile sind urheberrechtlich geschützt. Jede Nutzung in anderen als den gesetzlich zugelassenen Fällen bedarf der vorherigen schriftlichen Einwilligung des Verlages.
Hinweis zu § 52a UrhG: Weder das Werk noch seine Teile dürfen ohne eine solche Einwilligung eingescannt und in ein Netzwerk eingestellt werden. Dies gilt auch für Intranets von Schulen und sonstigen Bildungseinrichtungen.

Inhaltsverzeichnis

LERNFELD 5
Werkstattaufträge entgegennehmen und kaufmännische Geschäftsprozesse organisieren

1 Kundenwünsche ermitteln und die weitere Arbeit koordinieren — 7

- 1.1 Kundendienst — 7
- 1.2 Qualitätssicherung als Voraussetzung zur Erreichung der Kundenzufriedenheit — 9
- 1.3 Kundengewinnung – Ziel des Kundendienstes — 10

2 Sichtprüfung zur Verkehrs- und Betriebssicherheit von Fahrzeugen durchführen — 11

- 2.1 Grundlagen — 11
- 2.2 Unterscheidung: Sichtprüfung der Verkehrssicherheit und Sichtprüfung der Betriebssicherheit — 12

3 Mechanische, hydraulische, pneumatische sowie elektrische und elektronische Systeme und deren Zusammenwirken in Bezug auf die Auftragsannahme berücksichtigen — 13

- 3.1 Grundlagen der Fahrzeugannahme — 13
- 3.2 Zusammenspiel von mechanischen, hydraulischen, pneumatischen sowie elektrischen und elektronischen Systemen und Funktionseinheiten bei der Auftragsannahme berücksichtigen — 15

4 Werkstatt- und Serviceleistungen sowie zeitwertgerechte Reparaturleistungen anbieten — 15

- 4.1 Amtliche Fahrzeugüberwachung — 16
- 4.2 Serviceleistungen einer Kfz-Werkstatt — 17

5 Diagnose-, Wartungs-, Service- und Reparaturaufträge bearbeiten — 18

- 5.1 Abschluss von Wartungs- und Reparaturarbeiten – Allgemeine Voraussetzungen — 18
- 5.2 Auftragsplanung — 20
- 5.3 Auftragsannahme — 21
- 5.4 Auftragsbearbeitung — 22
- 5.5 Garantieleistungen und Kulanz — 22

6 Abschluss und Bearbeitung von Kundenaufträgen auch aus buchhalterischer Sicht — 23

- 6.1 Leistungsabrechnung in einer Werkstatt — 23
- 6.2 Kosten einer Werkstatt — 24
- 6.3 Buchhalterische Zusammenhänge und Erfassung von Kundenaufträgen — 24
- 6.4 Lohnabrechnung in der Werkstatt — 29
- 6.5 Rechnungslegung — 30
- 6.6 Auslieferung des Fahrzeugs — 30

7 Arbeitssicherheit und Umweltschutz in Kfz-Reparaturbetrieben — 31

- 7.1 Arbeitssicherheit — 31
- 7.2 Umweltschutz im Kfz-Betrieb — 32

Inhaltsverzeichnis

LERNFELD 6

Neufahrzeuge disponieren und den Verkaufsprozess unterstützen

1 Marktsituation 34

    1.1 Modellpolitik der Hersteller 34
    1.2 Produktlebenszyklus 37
    1.3 Portfolioanalyse 38

2 Fahrzeugbeschaffung 38

    2.1 Händler-/Herstellerverträge 38
    2.2 Verkaufsplanung/Disposition 39
    2.3 Kundenberatung gut gemacht 39

3 Verkauf abschließen 42

    3.1 Vertragsunterlagen für den Kauf und zu erledigende Arbeiten 42
    3.2 Nachbetreuung der Kunden 44
    3.3 Transportwege für Neufahrzeuge 47

4 Buchung des Neufahrzeuggeschäftes 48

    4.1 Einkauf von Neufahrzeugen 48
    4.2 Verkauf von Neufahrzeugen 49
    4.3 Boni und Verkaufshilfen 52

LERNFELD 7

Gebrauchtfahrzeuge disponieren und bereitstellen

1 Analyse des Gebrauchtwagenmarktes 55

    1.1 Wettbewerber 55
    1.2 Gesellschaftliche Trends 56
    1.3 Betriebsinterne Daten nutzen 56

2 Betriebliche Zielsetzungen und Einflussfaktoren für den Gebrauchtwagenbereich ... 57

    2.1 Betriebliche Zielsetzungen, Vorgaben und Einflussfaktoren 57

3 Kriteriengeleitete Fahrzeugauswahl und Präsentation 58

    3.1 Die verschiedenen Auswahlkriterien 58

4 Ankauf und Verkauf von Gebrauchtfahrzeugen 59

    4.1. Einkauf von Gebrauchtfahrzeugen 59
    4.2 Ankauf von Gebrauchtfahrzeugen von privat 60
    4.3 Ankauf von Gebrauchtfahrzeugen von Unternehmen 60
    4.4 Verkauf von Gebrauchtfahrzeugen unter Anwendung der Differenzbesteuerung ... 61
    4.5 Verkauf von Gebrauchtfahrzeugen unter Anwendung der Regelbesteuerung ... 63

4.6	Reparaturen an Gebrauchtfahrzeugen	64
4.7	Verkauf von Neufahrzeugen unter Inzahlungnahme eines Gebrauchtfahrzeugs	65
4.8	Gebrauchtfahrzeugbewertung und Instandsetzung	68
4.9	Verkaufspreisermittlung und Verkaufsabwicklung	70
4.10	Nachkalkulation erfolgter Gebrauchtwagenverkäufe	71

LERNFELD 8

Finanzdienstleistungen anbieten

1 Finanzierungsangebote des Autohauses — 72

1.1	Kreditfinanzierung über die Herstellerbank	72
1.2	Leasingfinanzierung über die Leasinggesellschaft des Herstellers	77
1.3	Kreditfinanzierung und Leasing im Vergleich	81

2 Weitere Dienstleistungen des Autohauses — 84

2.1	Vermittlung von Kraftfahrtversicherungen	85
2.2	Zusätzlich erwerbbare Leistungen – Schlüssel zur Kundenbindung	89

3 Leasing aus buchhalterischer Sicht — 92

Anhang — 93

Zusatzmaterial zu S. 7 93
Zusatzmaterial zu S. 34 94

Bildquellenverzeichnis — 95

Lernfeld 5

Werkstattaufträge entgegennehmen und kaufmännische Geschäftsprozesse organisieren

1 Kundenwünsche ermitteln und die weitere Arbeit koordinieren

LERNSITUATION 1

Nora Braun und Pascal Palm treffen sich nach ihrem Urlaub mit Matti Köppel. In etwa 8 Wochen findet der „Tag der offenen Tür" bei der Autohaus Köppel GmbH statt und die Auszubildenden sollen Herrn Köppel bei der Organisation unterstützen.

Herr Köppel:	Guten Morgen zusammen, hatten Sie einen schönen Urlaub?
Nora Braun:	Ja, danke schön. Er war sehr erholsam.
Herr Köppel:	Das freut mich. Wie Sie wissen, findet in ein paar Wochen der Tag der offenen Tür in unserem Hause statt. Sie sollen mich bei der Organisation unterstützen.
Pascal Palm:	Ok. Was wird unsere Aufgabe sein?
Herr Köppel:	Als erstes sollen Sie die Zufriedenheit unserer Kunden prüfen, damit wir uns weiterhin verbessern und die Kunden an uns binden können.
Nora Braun:	Ist in Ordnung. Das machen wir. Ich denke, dass sich dazu ein Fragebogen eignet, den wir am Tag der offenen Tür einsetzen können.
Herr Köppel:	Ja, diese Idee ist gut. Überlegen Sie bitte auch, wie wir neue Kunden gewinnen können.

ARBEITSAUFTRÄGE

1. Informieren Sie sich über Ihren Themenbereich mithilfe des Schülerbuchs.
2. Überlegen Sie, welche Inhalte Ihr Fragebogen enthalten soll und tauschen Sie sich mit Ihrem Nachbarn aus.
3. Diskutieren Sie außerdem, wie bzw. durch welche Maßnahmen man neue Kunden gewinnen kann.
4. Halten Sie die Inhalte stichpunktartig fest.
5. Erstellen Sie mithilfe Ihrer Notizen den Fragebogen. Nutzen Sie dabei verschiedene Formatierungsmöglichkeiten in Word (z. B. Tabellenfunktion). Formatieren Sie ansprechend. Berücksichtigen Sie auch die Regeln der DIN 5008 in Bezug auf Tabellen.
6. Erstellen Sie einen Leitfaden zur Kundengewinnung.
7. Prüfen Sie Ihre Ergebnisse und drucken Sie diese aus.
8. Tauschen Sie Ihre Fragebögen untereinander und füllen Sie diese aus.
9. Geben Sie sich gegenseitig ein Feedback. (Wie waren die Bögen aufgebaut, sind diese leicht zu beantworten, waren diese übersichtlich, usw.)
10. Werten Sie die Ergebnisse aus Ihren Bögen aus. Prüfen Sie, welchen Aufwand die Auswertung benötigt hat.
11. Diskutieren Sie den Kosten-Nutzen-Faktor in Bezug auf den Aufwand für die Auswertung und die aus der Auswertung erhaltenen Informationen.
12. Stellen Sie außerdem Ihre Ideen zur Neukundengewinnung vor und diskutieren Sie Ihre Ergebnisse.
13. Berücksichtigen Sie Ihre Erkenntnisse und nutzen Sie Ihr neu gewonnenes Wissen in der Zukunft.

Im Anhang des Buchs finden Sie Zusatzmaterial zu dieser Lernsituation.

1.1 Kundendienst

EINSTIEGSSITUATION

Der Werkstattleiter, Herr Michaeli, gibt den Auszubildenden verschiedene Aufgaben, die diese bearbeiten sollen.

Lernfeld 5

■ AUFGABE 1

Überlegen Sie, welche Wünsche und Erwartungen die Kunden in Ihrem Autohaus haben, und notieren Sie diese. Besprechen Sie Ihre Ergebnisse im Plenum.

■ AUFGABE 2

Welche Aufgaben hat ein Kundendienstberater? Notieren Sie diese und besprechen Sie Ihre Ergebnisse im Plenum.

1.2 Qualitätssicherung als Voraussetzung zur Erreichung der Kundenzufriedenheit

EINSTIEGSSITUATION

In letzter Zeit kam es häufig zu Kundenbeschwerden. Frau Köppel ist sauer und bittet die Auszubildenden, sich mit dem Themenbereich „Qualitätssicherung als Voraussetzung zur Erreichung der Kundenzufriedenheit" auseinanderzusetzen. Das neu gewonnene Wissen können die Auszubildenden bei der Organisation des "Tags der offenen Tür" mit einfließen lassen.

■ AUFGABE 1

Was versteht man unter dem Begriff „Qualität"?

■ AUFGABE 2

Was versteht man unter „Qualitätsmanagement"?

■ AUFGABE 3

Welche Vorteile bietet die Zertifizierung eines Kfz-Betriebs für diesen? Sprechen Sie mit Ihren Vorgesetzten im Autohaus darüber und stellen Sie Ihre Ergebnisse im Plenum vor.

Lernfeld 5

1.3 Kundengewinnung – Ziel des Kundendienstes

EINSTIEGSSITUATION

„Wir müssen zum Beispiel an unserem Tag der offenen Tür neue Kunden gewinnen und unsere Stammkunden weiterhin an uns binden", sagt Frau Köppel in der monatlichen Azubirunde. Pascal Palm nickt zustimmend.

■ AUFGABE 1

Analysieren Sie für Ihr Autohaus die verschiedenen Kundenarten und stellen Sie Ihre Ergebnisse im Plenum vor. Warum ist es wichtig, die verschiedenen Kundenarten zu kennen?

_____
_____
_____
_____
_____
_____

■ AUFGABE 2

Welche Beratungsmöglichkeiten gibt es? Nennen und erläutern Sie diese.

_____
_____
_____
_____
_____
_____

■ AUFGABE 3

Erläutern Sie den Zusammenhang von Kundenbindung und Kundenzufriedenheit.

_____
_____
_____
_____
_____
_____

Sichtprüfung zur Verkehrs- und Betriebssicherheit von Fahrzeugen durchführen

AUFGABE 4

Unterscheiden Sie im Zusammenhang mit dem Thema Kundenbefragung die Begriffe „Vollerhebung", „Teilerhebung" und „nicht zufällige Auswahl".

___

2 Sichtprüfung zur Verkehrs- und Betriebssicherheit von Fahrzeugen durchführen

2.1 Grundlagen

EINSTIEGSSITUATION

Nora muss Hausaufgaben für die Schule anfertigen und bittet Herrn Tursch um Hilfe.

AUFGABE 1

Warum ist die Überwachung der Fahrzeuge notwendig?

___

Lernfeld 5

2.2 Unterscheidung: Sichtprüfung der Verkehrssicherheit und Sichtprüfung der Betriebssicherheit

EINSTIEGSSITUATION

Zum Themenbereich „Sichtprüfung der Verkehrssicherheit und Sichtprüfung der Betriebssicherheit" hat Nora ebenfalls Fragen und wendet sich an Herrn Tursch.

AUFGABE 1

Was versteht man unter Betriebssicherheit?

___

AUFGABE 2

Zwischen welchen Prüfmethoden wird unterschieden?

___

AUFGABE 3

Beschreiben Sie, wie die Organisation der Fahrzeugprüfung in Ihrem Autohaus geregelt wird, und stellen Sie Ihre Ergebnisse in der nächsten Schulstunde im Plenum vor. Vergleichen Sie untereinander.

___

3 Mechanische, hydraulische, pneumatische sowie elektrische und elektronische Systeme und deren Zusammenwirken in Bezug auf die Auftragsannahme berücksichtigen

LERNSITUATION 2

Die Auszubildenden des 3. Ausbildungsjahres der Autohaus Köppel GmbH treffen sich zur monatlichen Azubirunde.

Frau Köppel: Wie Sie wissen, rückt der Tag der offenen Tür immer näher. Die Fragebögen haben einige Auszubildende bereits erstellt und auch einen Leitfaden.
Nun habe ich festgestellt, dass einige Auszubildende etwas größere Wissenslücken in Bezug auf mechanische, hydraulische, pneumatische sowie elektrische und elektronische Systeme und deren Zusammenwirken haben. Daher sollen unter anderem zwei Schulungen zu diesem Themenbereich organisiert werden. Ich möchte, dass unsere Auszubildenden am Tag der offenen Tür in der Lage sind, die auftretenden Fragen der Kunden kompetent zu beantworten.

Auszubildender: Das ist ja eine verantwortungsvolle Aufgabe.

Frau Köppel: Stimmt, aber das schaffen Sie schon. Mit einer PowerPoint-Präsentation soll der Einstieg in den Schulungstag erfolgen. Diese soll alle wichtigen Inhalte in Bezug auf mechanische, hydraulische, pneumatische sowie elektrische und elektronische Systeme und deren Zusammenwirken haben und den Zusammenhang mit der Auftragsannahme beleuchten. Unser Werkstattleiter, Herr Michaeli, wird im Anschluss an die Präsentation dann die praktische Arbeit am Fahrzeug erläutern.

Auszubildender: Ist gut. Wir werden diese Präsentation erstellen und Ihnen zeigen.

Frau Köppel: Danke schon mal.

Auszubildender: Wir fangen gleich mit der Arbeit an.

ARBEITSAUFTRÄGE

1. Informieren Sie sich über Ihren Themenbereich.
2. Notieren Sie wichtige Informationen stichpunktartig.
3. Greifen Sie auch auf Wissen aus Ihrem Unternehmen zurück und beziehen Sie Ihre Kollegen mit ein.
4. Erstellen Sie die PowerPoint-Präsentation und gestalten Sie diese ansprechend (Animationen, Bilder, usw.)
5. Halten Sie Ihre Präsentation in einer szenischen Darstellung (Frau Köppel und Auszubildende). Prüfen Sie die Inhalte auf Vollständigkeit und Richtigkeit und geben Sie sich gegenseitig ein Feedback.
6. Nutzen Sie Ihr neu gewonnenes Wissen für die Zukunft.

3.1 Grundlagen der Fahrzeugannahme

EINSTIEGSSITUATION

Nora Braun ist am Service-Point der Autohaus Köppel GmbH eingesetzt. Sie muss verschiedene Aufgaben erledigen, wie z. B. die Fahrzeugannahme durchführen, Termine koordinieren, usw.

AUFGABE 1

Informieren Sie sich, wie die Auftragsannahme in Ihrem Autohaus abläuft, und halten Sie die einzelnen Schritte fest. Stellen Sie Ihre Ergebnisse in der nächsten Schulstunde im Plenum vor und erläutern Sie das Vorgehen.

_____
_____
_____
_____

Lernfeld 5

■ AUFGABE 2

Ergänzen Sie die nachfolgende Tabelle. Was zählt zu den Fahrzeugdaten, zur Fahrzeughistorie, zu den technischen Unterlagen und zu den Feldmaßnahmen?

Fahrzeugdaten	
Fahrzeughistorie	
Technischen Unterlagen	
Feldmaßnahmen	

3.2 Zusammenspiel von mechanischen, hydraulischen, pneumatischen sowie elektrischen und elektronischen Systemen und Funktionseinheiten bei der Auftragsannahme berücksichtigen

EINSTIEGSSITUATION

Zur Vorbereitung auf den anstehenden Schulungstag sind von den Auszubildenden verschiedene Übungsaufgaben zu erledigen.

AUFGABE 1

Überlegen Sie, welche mechanischen, hydraulischen, pneumatischen sowie elektrischen und elektronischen Systeme und Funktionseinheiten in Ihren Fahrzeugen vorhanden sind. Tragen Sie diese in die nachfolgende Tabelle ein und nennen Sie Beispiele.

Systeme und Funktionseinheiten	Beispiel

4 Werkstatt- und Serviceleistungen sowie zeitwertgerechte Reparaturleistungen anbieten

LERNSITUATION 3

Frau Köppel ist mit der Präsentation der Auszubildenden des 3. Ausbildungsjahres sehr zufrieden. Nachdem diese den ersten Schulungstag absolviert haben, sollen sie sich am zweiten Tag mit den Werkstatt- und Serviceleistungen, die die Autohaus Köppel GmbH anbietet, auseinandersetzen und verstehen, warum es wichtig ist, dass die Mitarbeiter immer über die jeweiligen Prozesse im Bilde sind.
Frau Köppel informiert die Auszubildenden darüber, dass Frau Dr. Grün vom Zentralverband Deutsches Kraftfahrzeuggewerbe einen Vortrag zu diesem Themenbereich hält und ein entsprechendes Handout erstellt werden muss. Diese Aufgabe sollen die Auszubildenden des 3. Ausbildungsjahres übernehmen.

ARBEITSAUFTRÄGE

1. Informieren Sie sich über Ihren Themenbereich.
2. Notieren Sie wichtige Informationen stichpunktartig.
3. Tauschen Sie sich mit Ihrem Nachbarn aus.
4. Erstellen Sie dann das geforderte Handout, welches nach dem Vortrag von Frau Dr. Grün an die Auszubildenden verteilt werden soll.
5. Achten Sie auf eine übersichtliche Gestaltung.
6. Bereiten Sie sich auf die Präsentation vor.
7. Präsentieren Sie Ihre Ergebnisse und gehen Sie sowohl auf den Inhalt als auch auf Ihre Vorgehensweise bei dem Erstellen der Handouts ein.
8. Prüfen Sie die Ergebnisse auf Vollständigkeit und Richtigkeit und geben Sie sich gegenseitig ein Feedback.
9. Nutzen Sie Ihr neu gewonnenes Wissen für die Zukunft.

Lernfeld 5

4.1 Amtliche Fahrzeugüberwachung

EINSTIEGSSITUATION

Herr Michaeli hat den Auszubildenden des 3. Ausbildungsjahres einiges zum Themenbereich „Amtliche Verkehrsüberwachung" erklärt. Damit der Werkstattleiter prüfen kann, ob diese auch alles verstanden haben, ist ein kleiner Test zu absolvieren.

AUFGABE 1

Welche Regelungen beinhaltet das Straßenverkehrsgesetz (StVG)?

_____
_____
_____
_____
_____
_____

AUFGABE 2

Nennen Sie zertifizierte Prüforganisationen, die Kraftfahrzeuge und Anhänger untersuchen.

_____
_____
_____
_____
_____
_____
_____
_____
_____
_____
_____
_____
_____

Werkstatt- und Serviceleistungen sowie zeitwertgerechte Reparaturleistungen anbieten

AUFGABE 3

Prüfen Sie, ob es in Ihrem Autohaus aktuell Rückrufaktionen gibt, und informieren Sie sich über das Vorgehen. Halten Sie Ihre Ergebnisse fest und stellen Sie diese im Plenum vor.

___

4.2 Serviceleistungen einer Kfz-Werkstatt

EINSTIEGSSITUATION

„Serviceland Deutschland" – mit diesen Worten eröffnet der Werkstattleiter, Herr Michaeli, das heutige Treffen mit den Auszubildenden aus dem 3. Ausbildungsjahr. Er stellt ihnen anschließend verschiedene Serviceleistungen der Autohaus Köppel GmbH vor.

AUFGABE 1

Nennen Sie betriebsspezifische Serviceleistungen.

___

Lernfeld 5

■ AUFGABE 2

Informieren Sie sich, welche Serviceleistungen in Ihrem Autohaus angeboten werden. Notieren Sie Ihre Ergebnisse und stellen Sie diese im Plenum vor.

_____
_____
_____
_____
_____
_____
_____

■ AUFGABE 3

Warum ist es sinnvoll, Serviceleistungen anzubieten?

_____
_____
_____
_____
_____
_____
_____

■ AUFGABE 4

Was versteht man unter Mobilitätsgarantie?

_____
_____
_____
_____
_____
_____

5 Diagnose-, Wartungs-, Service- und Reparaturaufträge bearbeiten

5.1 Abschluss von Wartungs- und Reparaturarbeiten – Allgemeine Voraussetzungen

EINSTIEGSSITUATION

Pascal Palm ist für die Auftragsannahme zuständig. Um die Kunden kompetent beraten zu können, soll er sich über den Themenbereich „Diagnose-, Wartungs-, Service- und Reparaturaufträge" umfassend informieren.

Diagnose-, Wartungs-, Service- und Reparaturaufträge bearbeiten

■ AUFGABE 1

Nennen Sie mögliche Auftragsarten, die im Kundendienst anfallen können, und vervollständigen Sie die Tabelle.

Art	Form	Kurzbezeichnung	Beispiel

■ AUFGABE 2

Unterscheiden Sie Wartungs- und Reparaturaufträge.

_____
_____
_____
_____

■ AUFGABE 3

Welche drei Möglichkeiten gibt es nach dem Gesetz für die Preisauszeichnung?

_____
_____
_____
_____
_____
_____

Lernfeld 5

5.2 Auftragsplanung

> **EINSTIEGSSITUATION**
>
> Im nächsten Schritt soll sich Pascal Palm mit der Auftragsplanung auseinandersetzen.

■ AUFGABE 1

Informieren Sie sich, wie in Ihrem Unternehmen die Auftragsdaten erfasst werden. Notieren Sie Ihre Ergebnisse und stellen Sie diese im Plenum vor.

_____
_____
_____
_____
_____
_____
_____

■ AUFGABE 2

Warum ist die Termin- und Kapazitätsplanung für das Unternehmen und den Kunden von größter Wichtigkeit? Diskutieren Sie diese Frage im Plenum.

_____
_____
_____
_____
_____
_____

AUFGABE 3

Unterscheiden Sie in Bezug auf die Materialplanung A-, B- und C-Teile.

_____
_____
_____
_____
_____

5.3 Auftragsannahme

> **EINSTIEGSSITUATION**
>
> Nora Braun nimmt einen Auftrag an. Damit sie dabei keine Fehler macht, unterstützt sie Herr Michaeli.

AUFGABE 1

Informieren Sie sich, wie in Ihrem Unternehmen die Auftragsannahme abläuft. Halten Sie die Informationen fest und stellen Sie diese im Klassenplenum vor.

AUFGABE 2

Welche Fragen sind bei einer Fahrzeugannahme zu beantworten?

Lernfeld 5

5.4 Auftragsbearbeitung

EINSTIEGSSITUATION

Ein Kundenauftrag wird bearbeitet. Herr Palm soll die notwendigen Belege erstellen und entsprechend in einem Aktenordner ablegen. Er bittet Nora Braun um Hilfe.

AUFGABE 1

Welche Erfassungs- und Abrechnungsbelege sind für die Auftragsbearbeitung notwendig?

_____
_____

AUFGABE 2

An einem Kundenfahrzeug sollen verschiedene Fahrzeugteile nachgerüstet werden. Worauf ist dabei zu achten?

_____
_____

5.5 Garantieleistungen und Kulanz

EINSTIEGSSITUATION

Die Kundin Frau Dillerle hat eine Frage zu einem Mangel an ihrem Fahrzeug. Nun möchte sie einen Garantieantrag stellen. Der Auszubildende Pascal Palm ist sich nicht sicher, ob es sich um einen Garantiefall handelt, und bittet Herrn Giglione um Hilfe.

AUFGABE 1

Was versteht man unter Sachmängelhaftung?

_____
_____

AUFGABE 2

Was versteht man unter Herstellergarantie?

_____
_____
_____

Abschluss und Bearbeitung von Kundenaufträgen auch aus buchhalterischer Sicht

AUFGABE 3

Was versteht man unter Kulanz?

_____
_____
_____
_____

AUFGABE 4

Informieren Sie sich, wie in Ihrem Autohaus Gewährleistungs- und Garantieanträge bearbeitet werden. Halten Sie Ihre Ergebnisse schriftlich fest und stellen Sie diese im Plenum vor.

_____
_____
_____
_____
_____
_____
_____

6 Abschluss und Bearbeitung von Kundenaufträgen auch aus buchhalterischer Sicht

6.1 Leistungsabrechnung in einer Werkstatt

EINSTIEGSSITUATION

Nora Braun war für die Auftragsbearbeitung eingesetzt. Dort hat sie sich zusammen mit ihrem Mitauszubildenden Pascal Palm viele neue Kenntnisse und Fertigkeiten aneignen können. Um nun auch die buchhalterischen Zusammenhänge zu erschließen, bekommt sie von Matti Köppel verschiedene Aufgaben, die zu bearbeiten sind.

AUFGABE 1

Welche Merkmale werden dem Leistungsbegriff zugeordnet?

_____
_____
_____
_____
_____

Lernfeld 5

■ AUFGABE 2

Welche Aufgabe hat die Leistungsrechnung?

_____
_____
_____
_____
_____

6.2 Kosten einer Werkstatt

EINSTIEGSSITUATION

Im Zusammenhang mit der Buchführung sollen sich die beiden Auszubildenden Pascal Palm und Nora Braun mit den Kosten einer Werkstatt beschäftigen.

■ AUFGABE 1

Unterscheiden Sie direkte und indirekte Kosten einer Werkstatt.

_____
_____
_____
_____
_____

6.3 Buchhalterische Zusammenhänge und Erfassung von Kundenaufträgen

EINSTIEGSSITUATION

Die beiden Auszubildenden Pascal Palm und Nora Braun sollen den folgenden Kundenauftrag grafisch darstellen und Matti Köppel erklären, wie sich die Rechnung des folgenden Werkstattauftrags zusammensetzt, die Bezugsquellen aufzeigen und erklären, welchen Bruttoertrag das Autohaus mit den einzelnen Positionen insgesamt erwirtschaftet hat. Die beiden nutzen dazu die vorbereiteten Arbeitsblätter.
Der Kunde Frühstück-Express Trier GmbH bringt sein Fahrzeug Phantasia-Kombi „Sports Tourer" in die Werkstatt zur großen Jahresinspektion. Zusätzlich zur Inspektion sollen die Bremsbeläge vorne erneuert werden. Für den Auftrag werden zwei Arbeitsstunden zu je 85,00 € netto, 3,5 Liter Motoröl zu je 22,00 € netto, ein Ölfilter zu 14,50 € netto und die vorderen Bremsbeläge mit 87,00 € netto berechnet. Der Monteur erhält einen Stundenlohn von 18,00 €, der in der EDV hinterlegte Einstandspreis für das Motoröl beträgt 6,50 € netto je Liter, für den Ölfilter 7,30 € netto und für die vorderen Bremsbeläge 63,75 € netto.

Abschluss und Bearbeitung von Kundenaufträgen auch aus buchhalterischer Sicht

AUFGABE 1

Stellen Sie den Geschäftsvorfall grafisch dar. Vervollständigen Sie dazu die folgende Vorlage.

Werkstattauftrag Frühstücks-Express, Trier

- Neufahrzeuge, Originalersatzteile — Michaelis Importgesellschaft mbH, Frechen
  - Ölfilter €
  - Bremsbeläge €
- Schmierstoffe, Öle — Gumeros AG, Berlin
- Monteur
- Autohaus Köppel GmbH
  - Einkauf
  - Verkauf
- Lohnanteil €
- Motoröl €
- Originalersatzteile €
- Umsatzsteuer €
- **Rechnungsbetrag** €

AUFGABE 2

Ermitteln Sie die Bruttoerträge.

Position	Erlös	VAK	Bruttoertrag
Originalersatzteile	101,50 €	71,05 €	
Öle			
Monteurleistung			
Gesamt			

Lernfeld 5

AUFGABE 3

Am Nachmittag ist der Reparaturauftrag fertiggestellt und der Kunde holt das Fahrzeug ab. Dieser Kunde ist ein langjähriger Geschäftspartner des Autohauses Köppel und bekommt die Rechnung per Post zugeschickt.

Bilden Sie alle notwendigen Buchungssätze des Kundenwerkstattauftrags.

_____
_____
_____
_____
_____
_____
_____
_____
_____
_____

AUFGABE 4

Buchen Sie den Werkstattkundenauftrag auf T-Konten.

Soll	1400 Forderungen	Haben
AB	357,00	

Soll	8600	Haben

Soll	8360	Haben

Soll	8300	Haben

Soll	1776	Haben

Buchung der Lagerentnahme:

Soll	3360	Haben
AB	3 250,00	

Soll	7360	Haben

Abschluss und Bearbeitung von Kundenaufträgen auch aus buchhalterischer Sicht

Soll	3300	Haben
AB	6 900,00	

Soll	7300	Haben

AUFGABE 5

Nehmen Sie die Abschlussbuchungen vor.

Soll	GuV	Haben
Produktiver Lohnanteil (Buchung am Ende des Monats durch Lohnabrechnung der Werkstatt) Rohgewinn (Bruttoertrag)		

AUFGABE 6

Wie hoch ist der Rohgewinn?

Der Austauschteilehandel

AUFGABE 1

Erläutern Sie, was Austauschteile sind, und welche Besonderheit bei der Verkaufsbuchung zu berücksichtigen ist.

Lernfeld 5

Interne Aufträge

AUFGABE 1

In der Abteilung Neufahrzeugverkauf hört Nora Braun, wie der Neufahrzeugverkäufer Max Tursch im Kundendienst anruft und eine Ablieferungsdurchsicht für einen Neuwagen in Auftrag gibt, der in der nächsten Woche ausgeliefert werden soll. Erläutern Sie, welche buchhalterischen Auswirkungen dieser Auftrag auf die Abteilung Neufahrzeugverkauf und auf die Abteilung Kundendienst hat.

AUFGABE 2

Für die Ablieferungsdurchsicht benötigt der Monteur Uwe Kling 2,0 Arbeitsstunden. Der interne Stundenverrechnungssatz der Werkstatt beträgt 24,50 €. Bilden Sie den Buchungssatz.

AUFGABE 3

Erläutern Sie, wer den internen Auftrag bezahlt.

Gewährleistungsaufträge

AUFGABE 1

Im Autohaus Köppel werden Originalersatzteile im Rahmen von Gewährleistungsaufträgen dem Hersteller/Importeur zu den Einstandspreisen berechnet. Der Garantiestundenverrechnungssatz der Werkstatt entspricht dem Stundenverrechnungssatz, der den externen Kunden berechnet wird. Ein Gewährleistungsauftrag hat folgende Positionen: Lohnanteil 2,5 Stunden, externer Stundenverrechnungssatz 82,00 € netto, Einstandspreis der Originalerteile 563,00 € netto. Ermitteln Sie den Rechnungsbetrag.

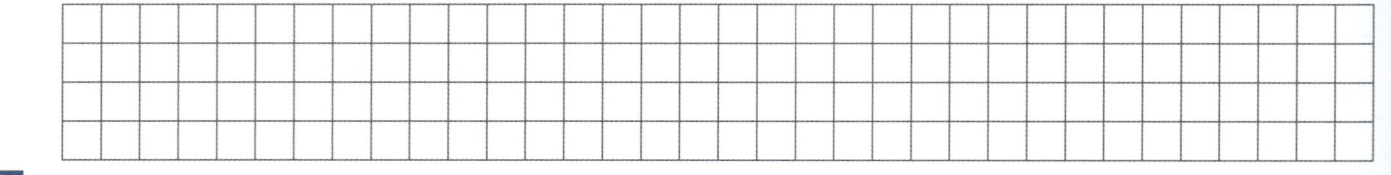

Abschluss und Bearbeitung von Kundenaufträgen auch aus buchhalterischer Sicht

AUFGABE 2

Bilden Sie alle notwendigen Buchungssätze.

_____
_____
_____
_____
_____

AUFGABE 3

Buchen Sie auf T-Konten.

Soll	1400 (Michaelis)	Haben

Soll	8305	Haben

Soll	8620	Haben

Soll	3300	Haben
AB	563,00	

Soll	7305	Haben

6.4 Lohnabrechnung in der Werkstatt

EINSTIEGSSITUATION

Nora fragt ihren Mitauszubildenden Pascal: „Auf welcher Grundlage wird eigentlich der Arbeitspreis für eine Reparatur berechnet?"

AUFGABE 1

Beantworten Sie Noras Frage.

_____
_____
_____
_____
_____

Lernfeld 5

6.5 Rechnungslegung

EINSTIEGSSITUATION

Der Kunde Herr Kolz holt sein Fahrzeug bei der Autohaus Köppel GmbH ab. Am Fahrzeug wurde ein Unfallschaden repariert. Nun soll Nora Braun dem Kunden die verschiedenen Rechnungspositionen erläutern.

AUFGABE 1

Nennen Sie die Bestandteile einer Rechnung (Rechnungsbetrag höher als 150,00 €).

6.6 Auslieferung des Fahrzeugs

EINSTIEGSSITUATION

Nachdem Nora Braun dem Kunden Herrn Kolz die Rechnung erläutert hat, wird das Fahrzeug übergeben.

AUFGABE 1

Informieren Sie sich, wie die Fahrzeugübergabe in Ihrem Autohaus an den Kunden erfolgt. Halten Sie Ihre Ergebnisse schriftlich fest und stellen Sie diese im Klassenplenum vor.

7 Arbeitssicherheit und Umweltschutz in Kfz-Reparaturbetrieben

7.1 Arbeitssicherheit

EINSTIEGSSITUATION

Nora Braun betrachtet die nebenstehende Grafik, die sie von ihrem Fachlehrer in der Berufsschule erhalten hat. Im Zusammenhang mit dem Thema Arbeitssicherheit müssen verschiedene Aufgaben erledigt werden.

AUFGABE 1

Welche Sicherheitsregeln gelten für Kfz-Werkstattgebäude?

Lernfeld 5

■ AUFGABE 2

Welche Vorschriften gelten für das Arbeiten in Werkstätten?

7.2 Umweltschutz im Kfz-Betrieb

EINSTIEGSSITUATION

„Der Umweltschutz auch in Unternehmen gewinnt immer mehr an Bedeutung", erklärt Matti Köppel den Auszubildenden in der monatlichen Azubirunde. Was dies konkret bedeutet, sollen diese in einem Handout zusammenstellen.

■ AUFGABE 1

Was versteht man unter betrieblichem Umweltmanagement?

Arbeitssicherheit und Umweltschutz in Kfz-Reparaturbetrieben

AUFGABE 2

Was versteht man unter dem Begriff „Kreislaufwirtschaft"?

_____
_____
_____
_____
_____
_____

AUFGABE 3

Tragen Sie Verordnungen und Gesetze, die zum Umweltschutz in einem Kfz-Betrieb beitragen, in das nachfolgende Schema ein.

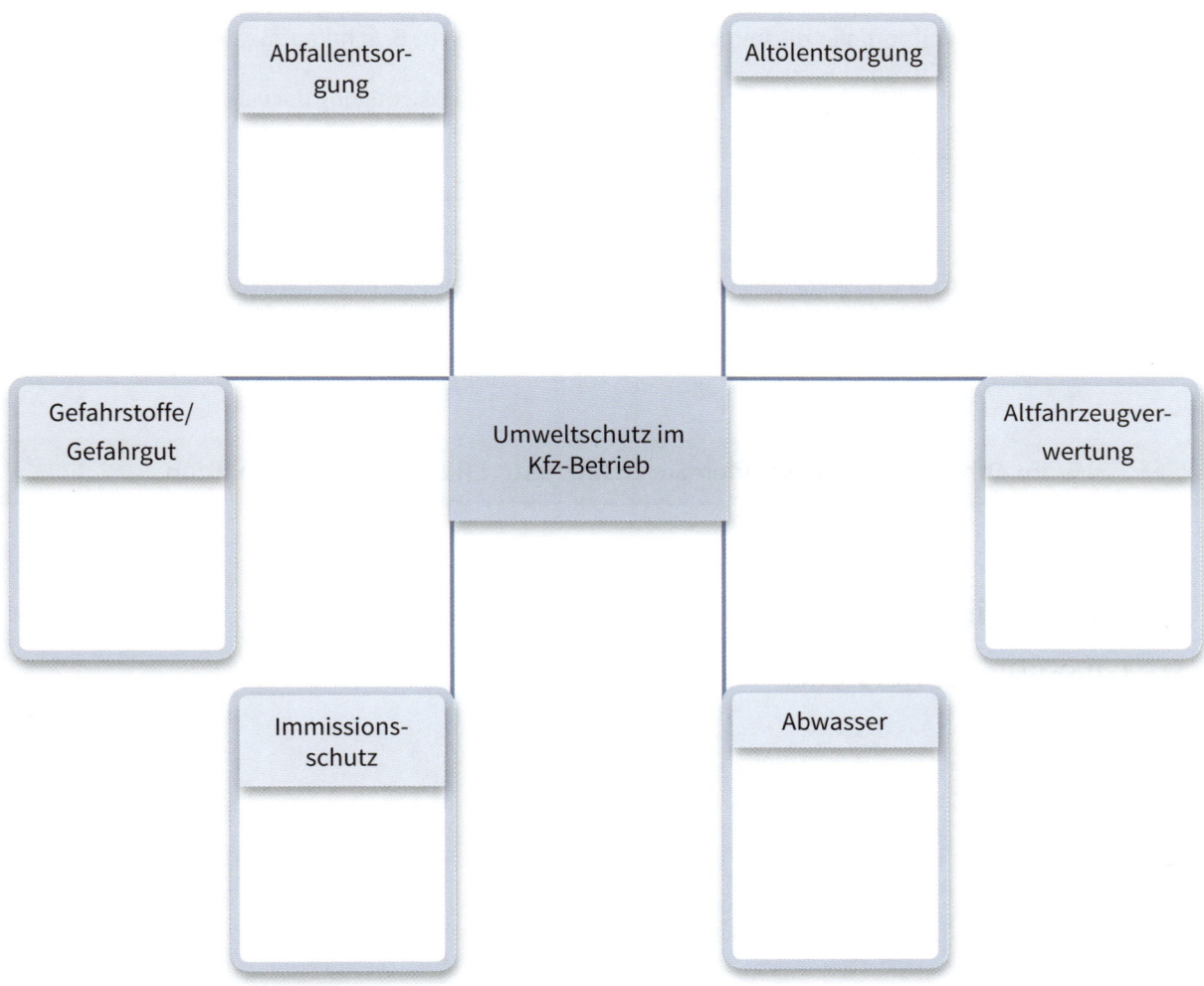

Lernfeld 6

Neufahrzeuge disponieren und den Verkaufsprozess unterstützen

LERNSITUATION

Zur Prüfungsvorbereitung für den Teil 1 der gestreckten Abschlussprüfung sollen die Auszubildenden des 3. Ausbildungsjahres ein Portfolio zum Lernfeld 6 – Neufahrzeuge disponieren und den Verkaufsprozess unterstützen, anfertigen. Die Inhalte sollen den Auszubildenden, die in die Prüfung gehen, als Lernhilfe dienen.
Bevor das Portfolio an die Auszubildenden verteilt werden soll, möchte Frau Köppel dieses vorgelegt bekommen.

ARBEITSAUFTRÄGE

1. Teilen Sie die einzelnen Themen aus dem Lernfeld 6: „Neufahrzeuge disponieren und den Verkaufsprozess unterstützen" untereinander auf.
2. Informieren Sie sich über Ihren jeweiligen Teilbereich und halten Sie wichtige Informationen stichpunktartig fest.
3. Einigen Sie sich mit Ihren Mitschülern auf eine einheitliche Formatierung, damit die einzelnen Handouts später zu einem Gesamtportfolio zusammengefasst werden können (z. B. Schriftgröße, Schriftart, Größe der Überschriften, Farben, usw.).
4. Erstellen Sie nun für Ihren Themenbereich das Handout unter Berücksichtigung der vereinbarten Formatierungen. Fügen Sie ggf. auch Mindmaps in Ihr Handout ein.
5. Bereiten Sie sich auf die Präsentation vor.
6. Präsentieren Sie Ihre Ergebnisse (in einer szenischen Darstellung) und prüfen Sie diese auf Vollständigkeit und Richtigkeit.
7. Geben Sie sich gegenseitig ein Feedback und nehmen Sie ggf. Änderungen/Ergänzungen vor.
8. Bestimmen Sie einen Mitschüler, der die Dateien einsammelt und zu einem Portfolio zusammenfügt.
9. Nutzen Sie das Gesamtportfolio sowie Ihr neu gewonnenes Wissen als Lernhilfe für die Vorbereitung auf den Teil 1 der gestreckten Abschlussprüfung und zum Anwenden in der Praxis.

Im Anhang des Buchs finden Sie Zusatzmaterial zu dieser Lernsituation

1 Marktsituation

1.1 Modellpolitik der Hersteller

EINSTIEGSSITUATION

Die Auszubildenden des 3. Ausbildungsjahres beschäftigen sich mit ihren jeweiligen Themenbereichen und lösen dazu einige Aufgaben.

Marktsituation

AUFGABE 1

Welches Ziel hat die Normung der Fahrzeuge?

___

AUFGABE 2

Unterscheiden Sie mindestens drei verschiedene Fahrzeugarten und nennen Sie mindestens drei Merkmale.

Bezeichnung	Merkmale

Lernfeld 6

Bezeichnung	Merkmale

■ AUFGABE 3

Welche Arten von Neuwagen gibt es?

___

___

___

■ AUFGABE 4

Prüfen Sie, ob Ihr Unternehmen eine Mobilitätsgarantie gewährt und in welcher Form dies erfolgt. Tauschen Sie sich im Plenum aus.

___

___

___

___

___

___

Marktsituation

1.2 Produktlebenszyklus

EINSTIEGSSITUATION

Als nächstes sollen Sie sich mit dem Produktlebenszyklus der Automobile beschäftigen und diesen Ihren Mitauszubildenden erläutern.

AUFGABE 1

Beschreiben Sie die Phasen des Produktlebenszyklus.

Phase	Beschreibung

Lernfeld 6

1.3 Portfolioanalyse

EINSTIEGSSITUATION

In der Berufsschule unterhalten sich die Auszubildenden über den Themenbereich Portfolioanalyse. In diesem Zusammenhang sind einige Aufgaben zu erledigen.

■ AUFGABE 1

Wozu dient die Portfolioanalyse?

_____
_____
_____

■ AUFGABE 2

Welche Faktoren werden im Hinblick auf Ertrags- bzw. Wachstumschancen und/oder Risiken untersucht?

_____
_____
_____

2 Fahrzeugbeschaffung

2.1 Händler-/Herstellerverträge

EINSTIEGSSITUATION

Ein Auszubildender des 3. Ausbildungsjahres unterhält sich mit seiner Vorgesetzten Frau Köppel. Diese teilt ihm mit, dass bald ein neues SUV-Modell auf den Markt kommt. Die Auszubildenden sollen sich nun mit diesem Themenbereich beschäftigen und als erstes die Inhalte der Händler-/Herstellerverträge analysieren.

■ AUFGABE 1

Nennen Sie „Eckpunkte", die in Hersteller-/Händlerverträgen geregelt sein können.

_____
_____
_____
_____
_____

Fahrzeugbeschaffung

■ AUFGABE 2

Welche Betriebswege sind in der Automobilbranche üblich? Beschreiben Sie einen Betriebsweg genauer.

___
___
___
___
___
___

2.2 Verkaufsplanung/Disposition

> **EINSTIEGSSITUATION**
>
> Nachdem sich die Auszubildenden mit den Inhalten der Händler-/Herstellerverträge in Zusammenhang mit der Fahrzeugbeschaffung auseinandergesetzt haben, steht nun das Themengebiet „Verkaufsplanung/Disposition" an. Dazu sind verschiedene Aufgaben zu lösen.

■ AUFGABE 1

Frau Köppel nimmt die Jahresplanung für die Fahrzeugbeschaffung vor. Welche Faktoren spielen dabei eine Rolle?

___
___
___
___
___
___

■ AUFGABE 2

Welche Angaben werden in einem „Eingangsbuch für Neufahrzeuge" festgehalten?

___
___
___

2.3 Kundenberatung gut gemacht

> **EINSTIEGSSITUATION**
>
> Die Auszubildenden der Autohaus Köppel GmbH nehmen an einem Seminar zum Thema „Kundenberatung gut gemacht" teil und müssen einige Aufgaben lösen.

Lernfeld 6

AUFGABE 1

Nennen Sie Merkmale eines gut gestalteten Arbeitsplatzes und erläutern Sie, warum dieser in Zusammenhang mit der Kundenberatung wichtig ist.

AUFGABE 2

Was versteht man unter interkultureller Kompetenz und warum ist diese im Zusammenhang mit dem Verkauf von Fahrzeugen wichtig?

Fahrzeugbeschaffung

■ AUFGABE 3

Erläutern Sie die Angaben auf dem PKW-Label, indem Sie die passenden Begriffe eintragen.

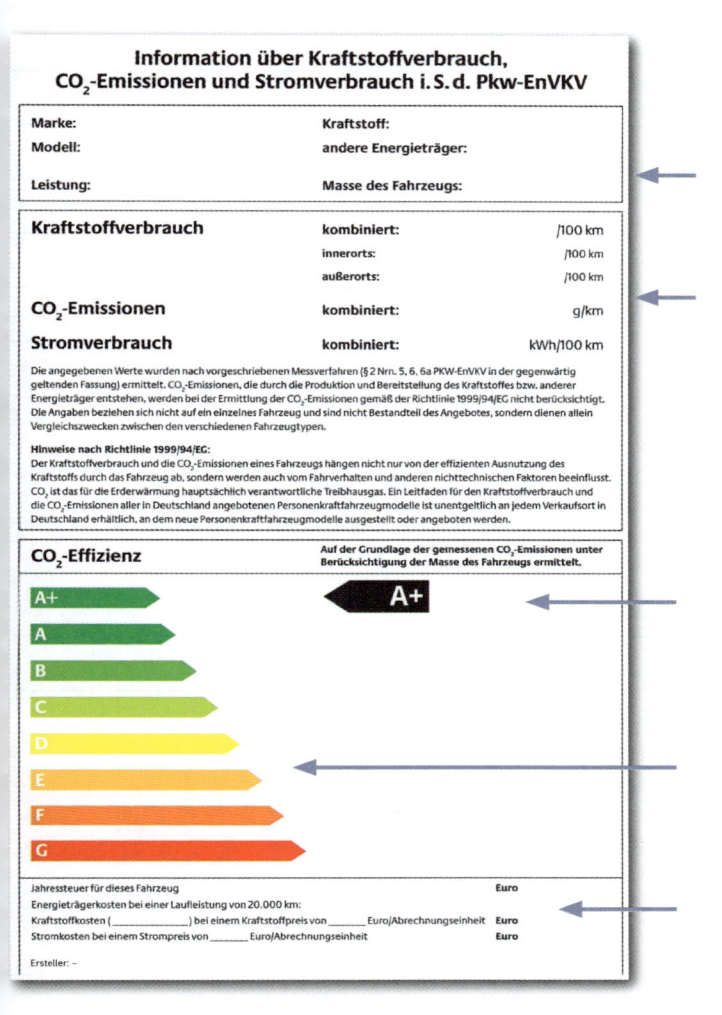

Information über Kraftstoffverbrauch, CO_2-Emissionen und Stromverbrauch i. S. d. Pkw-EnVKV

Marke:	Kraftstoff:
Modell:	andere Energieträger:
Leistung:	Masse des Fahrzeugs:

Kraftstoffverbrauch	kombiniert:	/100 km
	innerorts:	/100 km
	außerorts:	/100 km
CO_2-Emissionen	kombiniert:	g/km
Stromverbrauch	kombiniert:	kWh/100 km

Die angegebenen Werte wurden nach vorgeschriebenen Messverfahren (§ 2 Nrn. 5, 6, 6a PKW-EnVKV in der gegenwärtig geltenden Fassung) ermittelt. CO_2-Emissionen, die durch die Produktion und Bereitstellung des Kraftstoffes bzw. anderer Energieträger entstehen, werden bei der Ermittlung der CO_2-Emissionen gemäß der Richtlinie 1999/94/EG nicht berücksichtigt. Die Angaben beziehen sich nicht auf ein einzelnes Fahrzeug und sind nicht Bestandteil des Angebotes, sondern dienen allein Vergleichszwecken zwischen den verschiedenen Fahrzeugtypen.

Hinweise nach Richtlinie 1999/94/EG:
Der Kraftstoffverbrauch und die CO_2-Emissionen eines Fahrzeugs hängen nicht nur von der effizienten Ausnutzung des Kraftstoffs durch das Fahrzeug ab, sondern werden auch vom Fahrverhalten und anderen nichttechnischen Faktoren beeinflusst. CO_2 ist das für die Erderwärmung hauptsächlich verantwortliche Treibhausgas. Ein Leitfaden für den Kraftstoffverbrauch und die CO_2-Emissionen aller in Deutschland angebotenen Personenkraftfahrzeugmodelle ist unentgeltlich an jedem Verkaufsort in Deutschland erhältlich, an dem neue Personenkraftfahrzeugmodelle ausgestellt oder angeboten werden.

CO_2-Effizienz — Auf der Grundlage der gemessenen CO_2-Emissionen unter Berücksichtigung der Masse des Fahrzeugs ermittelt. **A+**

A+ / A / B / C / D / E / F / G

Jahressteuer für dieses Fahrzeug	Euro
Energieträgerkosten bei einer Laufleistung von 20.000 km:	
Kraftstoffkosten (____) bei einem Kraftstoffpreis von ____ Euro/Abrechnungseinheit	Euro
Stromkosten bei einem Strompreis von ____ Euro/Abrechnungseinheit	Euro
Ersteller: –	

Quelle: DAT Deutsche Automobil Treuhand GmbH (Hrsg.): Leitfaden über den Kraftstoffverbrauch, die CO_2-Emissionen und den Stromverbrauch aller neuen Personenkraftwagenmodelle, die in Deutschland zum Verkauf angeboten werden, S. 2, 4. Quartal 2016, Zugriff am 26.10.2016 unter: www.dat.de/leitfaden/LeitfadenCO2.pdf

■ AUFGABE 4

Was versteht man unter „mobiler Präsentation"? Warum ist diese wichtig?

_____
_____
_____
_____
_____
_____
_____
_____
_____
_____

Lernfeld 6

■ AUFGABE 5

Wählen Sie ein Fahrzeug aus Ihrem Autohaus aus und erläutern Sie einem Mitschüler/einer Mitschülerin die technischen Merkmale.

___

■ AUFGABE 6

Was versteht man unter Fahrzeugkonfiguration?

___

3 Verkauf abschließen

3.1 Vertragsunterlagen für den Kauf und zu erledigende Arbeiten

EINSTIEGSSITUATION

Die Autohaus Köppel GmbH bietet eine Schulung zum Thema „Verkaufsunterlagen richtig erstellen/zusammenstellen" an. Die Auszubildenden nehmen daran teil und müssen verschiedene Fragen beantworten.

■ AUFGABE 1

Nennen Sie Bestandteile eines Angebots.

___

Verkauf abschließen

■ AUFGABE 2

Wählen Sie ein Fahrzeug aus Ihrem Fuhrpark aus und erstellen Sie für dieses ein Angebot. Gehen Sie das Angebot in der nächsten Stunde mit einem Mitschüler/einer Mitschülerin durch und geben Sie sich gegenseitig Feedback.

___

■ AUFGABE 3

Welche Arbeiten sind im Vorfeld des Verkaufs zu erledigen, bzw. welche Fragen sind zu klären?

___

■ AUFGABE 4

Wie kann die Auslieferung der Fahrzeuge erfolgen und worauf ist dabei zu achten?

___

Lernfeld 6

3.2 Nachbetreuung der Kunden

> **EINSTIEGSSITUATION**
>
> Frau Köppel eröffnet die monatliche Azubirunde mit folgenden Worten: „Nach dem Kauf ist vor dem Kauf". Die Auszubildenden sollen zu dieser Aussage Stellung nehmen und sich mit dem Themenbereich „Nachbetreuung der Kunden" befassen.

AUFGABE 1

Nehmen Sie Stellung zu der Aussage: „Nach dem Kauf ist vor dem Kauf".

AUFGABE 2

Welche Ziele hat das After-Sales-Management?

Verkauf abschließen

AUFGABE 3

Nennen Sie Maßnahmen, die in dem Zusammenhang „Nachbetreuung der Kunden" ergriffen werden können, und erläutern Sie diese.

Maßnahme	Erläuterung

Lernfeld 6

Maßnahme	Erläuterung

3.3 Transportwege für Neufahrzeuge

> **EINSTIEGSSITUATION**
>
> Die bestellten Neufahrzeuge der Autohaus Köppel GmbH konnten nicht zum vereinbarten Zeitpunkt geliefert werden. Ursache war eine Baustelle auf der Autobahn; die Lenkzeiten des Lkw-Fahrers mussten eingehalten werden. Frau Köppel ist sauer und bittet Pascal Palm, sich mit alternativen Transportwegen auseinanderzusetzen.

AUFGABE 1

Welche Transportwege gibt es? Nennen und erläutern Sie diese (auch Vor- und Nachteile).

Transportweg	Vorteile	Nachteile

Lernfeld 6

4 Buchung des Neufahrzeuggeschäftes

4.1 Einkauf von Neufahrzeugen

EINSTIEGSSITUATION

Der regionale Verkaufsleiter der Michaelis Importgesellschaft mbH besucht das Autohaus Köppel und informiert über eine bevorstehende Verkaufsoffensive mit Sondermodellen. Diese Sondermodelle haben neben nicht serienmäßigen Optionen einen Kundenpreisvorteil. Der Händlerrabatt der Modelle bleibt gleich. Zur Teilnahme sind Händler berechtigt, die mindestens sechs Sondermodelle im Folgemonat vom Hersteller/Importeur abnehmen. Werden mindestens sechs Sondermodelle im Folgemonat verkauft, erhält das Autohaus Köppel zusätzlich einen Bonus in Höhe von 1 500,00 € netto je Sondermodell auf das Bankkonto gutgeschrieben. Die beiden Auszubildenden Pascal Palm und Nora Braun bekommen die Aufgabe, den Erfolg dieser Verkaufsoffensive zu dokumentieren und zum Abschluss der Verkaufsoffensive Fragen der Vertriebsleitung zu beantworten.

Das Autohaus Köppel nimmt an dieser Verkaufsoffensive teil und ordert folgende sechs Sondermodelle für den Folgemonat auf Rechnung:

- 2x Maximo-Limousine, 3-türig, 145 PS, Benziner, Sondermodell Fehmarn, UPE brutto 26 000,00 €
- 2x Maximo-Limousine, 5-türig, 180 PS, Benziner, Sondermodell Rügen, UPE brutto 29 000,00 €
- 2x Maximo-Kombi „Sports Tourer", 160 PS, Benziner, Sondermodell Zingst, UPE brutto 33 200,00 €

Die Fahrzeuge werden zu Beginn des Folgemonats geliefert und gleichzeitig startet eine bundesweite Marketingaktion des Herstellers/Importeurs, die die Ausstattung und den Preisvorteil für diese Sondermodelle bewirbt.

■ AUFGABE 1

Berechnen Sie den Buchungssatz des Fahrzeugeinkaufs.

_____
_____
_____

■ AUFGABE 2

Buchen Sie den Fahrzeugeinkauf auf T-Konten.

Soll	3000	Haben

Soll	1600 (Michaelis)	Haben

Soll	1576	Haben

4.2 Verkauf von Neufahrzeugen

> **EINSTIEGSSITUATION**
>
> Die Marketingaktionen zeigen Wirkung und die Sondermodelle werden verkauft. Nora Braun soll die Buchungen der Verkäufe vornehmen.

AUFGABE 1

Bilden Sie die Buchungssätze für die folgenden Geschäftsvorfälle, die sich aufgrund der Verkaufsoffensive ergeben. Alle Verkäufe wurden durch Banküberweisung vor Übergabe des Neufahrzeugs vom jeweiligen Kunden bezahlt.

Datum lfd. Monat	Sondermodell	Kunde	Verkaufspreis brutto
06.	Fehmarn	Groß	26 000,00 €
06.	Fehmarn	Schiller	25 800,00 €
09.	Zingst	Greuel	33 200,00 €
13	Rügen	Schrot	27 000,00 €
13.	Zingst	Röhrl	31 000,00 €
27.	Rügen	Weis	26 100,00 €

Verkauf Kunde Groß

___

Verkauf Kunde Schiller

___

Lernfeld 6

Verkauf Kunde Greuel

Verkauf Kunde Schrot

Verkauf Kunde Röhrl

Verkauf Kunde Weis

Buchung des Neufahrzeuggeschäftes

AUFGABE 2

Buchen Sie die Fahrzeugverkäufe auf T-Konten.

Soll	1200 Bank	Haben
AB	61 000,00	

Soll	8000	Haben
	142100,84	142100,84

Soll	1776	Haben

Soll	3000 Neufahrzeuge	Haben

Soll	7000	Haben

51

Lernfeld 6

4.3 Boni und Verkaufshilfen

> **EINSTIEGSSITUATION**
>
> Die beiden Auszubildenden Pascal Palm und Nora Braun sollen ermitteln, ob und in welcher Höhe mit einem Bonus im Rahmen der Verkaufsoffensive zu rechnen ist. Darüber hinaus sollen sie den Erfolg der Verkaufsaktion auf dem GuV-Konto darstellen.

■ AUFGABE 1

Das Autohaus Köppel erhält einen Bonus, wenn sechs Sondermodelle im Wertungsmonat verkauft wurden (siehe Einstiegssituation auf S. 48). Dies hat das Autohaus Köppel durch die sechs obigen Verkäufe erreicht. Ermitteln Sie den Bonus.

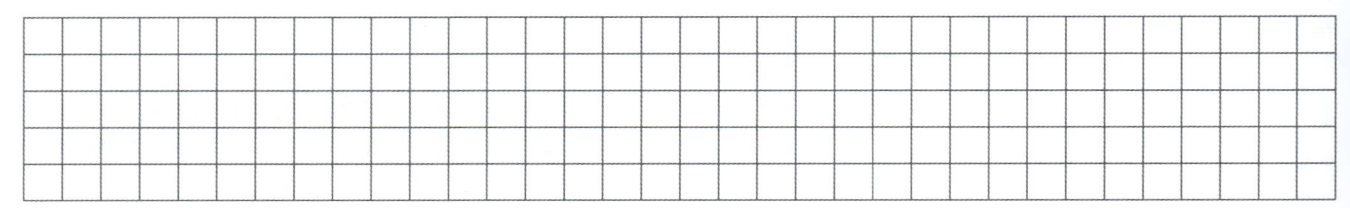

■ AUFGABE 2

Ermitteln Sie den Buchungssatz der Bonuszahlung im Zusammenhang mit der Verkaufsoffensive am Ende des Monats.

_____
_____
_____

■ AUFGABE 3

Buchen Sie auf T-Konten.

Soll	1200	Haben

Soll	7700	Haben

Soll	1576 Vorsteuer	Haben

Buchung des Neufahrzeuggeschäftes

AUFGABE 4

Nehmen Sie die Abschlussbuchungen der Kontenklassen 7 und 8 über das GuV-Konto vor.

Soll	GuV	Haben

AUFGABE 5

Beantworten Sie folgende Fragen der Vertriebsleitung.

a) Wie hoch war der Neufahrzeugumsatz im Rahmen der Verkaufsoffensive in Euro?

b) Warum wurde Ihrer Meinung nach der Verkauf am 27. des Monats zu diesen Konditionen getätigt?

c) Welchen Erfolg (Rohertrag/Bruttoertrag) hatte die Verkaufsoffensive insgesamt?

Lernfeld 6

d) Welcher Verkauf im Rahmen der Verkaufsoffensive war buchhalterisch am ertragsreichsten und welcher am ertragsärmsten? Begründen Sie Ihre Antwort. Füllen Sie dazu die folgende Tabelle aus und ermitteln Sie die Bruttoerträge.

Verkauf	Bruttoertrag (in €)	Bonus (in €)	Gesamt (in €)
Groß			
Schiller			
Greuel			
Schrot			
Röhrl			
Weis			

_____
_____
_____
_____
_____
_____
_____
_____
_____
_____

Lernfeld 7

Gebrauchtfahrzeuge disponieren und bereitstellen

1 Analyse des Gebrauchtwagenmarktes

1.1 Wettbewerber

EINSTIEGSSITUATION

Für die Berufsschule müssen verschiedene Hausaufgaben erledigt werden. Nora bittet ihren Mitschüler Pascal um Hilfe.

AUFGABE 1

Warum sind die Analyse der Marktsituation sowie die Analyse der Mitbewerber in Bezug auf den Gebrauchtwagenbereich wichtig? Welche Fragen können gestellt werden? Besprechen Sie dies mit Ihrem Vorgesetzten bzw. Ausbilder.

Lernfeld 7

1.2 Gesellschaftliche Trends

> **EINSTIEGSSITUATION**
>
> In Zusammenhang mit dem Bearbeiten der Hausaufgabe stoßen Pascal und Nora auf den Themenbereich „gesellschaftliche Trends". Diesen möchten sich die Auszubildenden genauer anschauen.

■ AUFGABE 1

Welche gesellschaftlichen Trends spielen aktuell auf dem Fahrzeugmarkt eine Rolle? Nennen Sie diese und erläutern Sie, wie diese Trends in Ihrem Autohaus Berücksichtigung finden.

_____

_____

1.3 Betriebsinterne Daten nutzen

> **EINSTIEGSSITUATION**
>
> Das EDV-System der Autohaus Köppel GmbH meldet einen Fehler und die Mitarbeiter/-innen können für den Rest des Tages nicht mehr auf die firmeninternen Daten zugreifen. Pascal sagt zu Nora: „Du, das ist doch gar nicht schlimm. Die Daten benötigen wir doch eh nur ganz selten". Nora fängt daraufhin laut zu lachen an und antwortet Pascal: „Oh Pascal, du steht ja heute mal wieder gewaltig auf der Leitung!"

■ AUFGABE 1

Nehmen Sie Stellung zu Pascals Aussage und erläutern Sie, warum Nora Pascal diese Antwort gegeben hat.

_____

_____

_____

_____

_____

_____

■ AUFGABE 2

Wozu dienen die betriebsinternen Daten? Besprechen Sie diese Frage mit Ihrem Vorgesetzten im Autohaus und notieren Sie, welche Daten Sie erfassen. Diskutieren Sie anschließend im Klassen-Plenum.

_____

_____

_____

2 Betriebliche Zielsetzungen und Einflussfaktoren für den Gebrauchtwagenbereich

2.1 Betriebliche Zielsetzungen, Vorgaben und Einflussfaktoren

EINSTIEGSSITUATION

Frau Köppel stellt den Auszubildenden die betrieblichen Zielsetzungen der Autohaus Köppel GmbH vor. Sie bittet die Auszubildenden, sich mit diesem Themenbereich auseinanderzusetzen.

AUFGABE 1

Besprechen Sie mit Ihrem Vorgesetzten, welche betrieblichen Zielsetzungen Ihr Autohaus hat. Stellen Sie diese in der nächsten Unterrichtsstunde im Klassenplenum vor.

_____
_____
_____
_____
_____
_____
_____
_____

AUFGABE 2

Bringen Sie für Ihr Autohaus in Erfahrung, welche Gebrauchtfahrzeugprogrammvorgaben von Ihrem Hersteller/Ihren Herstellern vorliegen, und stellen Sie diese in der nächsten Stunde im Plenum vor. Diskutieren Sie Vor- und Nachteile der Vorgaben.

_____
_____
_____
_____
_____
_____
_____
_____

AUFGABE 3

Welche Einflussfaktoren spielen bei der Anschaffung von gebrauchten Fahrzeugen eine Rolle? Nennen und erläutern Sie diese.

_____
_____
_____
_____
_____

Lernfeld 7

3 Kriteriengeleitete Fahrzeugauswahl und Präsentation

3.1 Die verschiedenen Auswahlkriterien

EINSTIEGSSITUATION

Nora Braun erledigt Hausaufgaben für die Berufsschule. Pascal Palm hilft ihr.

AUFGABE 1

Unterscheiden Sie qualitative und quantitative Auswahlkriterien.

Qualitative Kriterien können sein:	Quantitative Kriterien können sein:

AUFGABE 2

Informieren Sie sich, ob Ihr Autohaus auch mit Re-Import-Fahrzeugen handelt, und halten Sie Ihre Ergebnisse schriftlich fest. Diskutieren Sie in der nächsten Stunde im Klassenplenum.

_____
_____
_____
_____
_____
_____

Ankauf und Verkauf von Gebrauchtfahrzeugen

AUFGABE 3

Analysieren Sie Ihre Ausstellungsfläche im Autohaus in Hinblick auf Anordnung, Größe des Raums, eingeplanten Platz für Fahrzeuge und Zubehör usw. Halten Sie Ihre Ergebnisse fest und vergleichen Sie diese in der nächsten Stunde im Klassenplenum. Was stellen Sie fest?

_____

_____

_____

4 Ankauf und Verkauf von Gebrauchtfahrzeugen

4.1. Einkauf von Gebrauchtfahrzeugen

EINSTIEGSSITUATION

Nora Braun und Pascal Palm müssen für die Berufsschule den Einkauf von Gebrauchtfahrzeugen aus buchhalterischer Sicht beschreiben.

AUFGABE 1

Welche Konten werden für den Einkauf von Gebrauchtfahrzeugen benötigt?

_____

_____

AUFGABE 2

Ordnen Sie die angekauften Gebrauchtfahrzeuge dem richtigen Warenbestandskonto zu.

Gebrauchtfahrzeugeinkauf	3050 Gebrauchtfahrzeuge ohne Vorsteuerabzug	3040 Gebrauchtfahrzeuge
Inzahlungnahme eines Gebrauchtfahrzeugs von privat		
Ankauf eines Dienstwagens der Michaelis Importgesellschaft mbH		
Ankauf eines Gebrauchtfahrzeugs von privat aus einer Internetbörse		
Inzahlungnahme eines Gebrauchtfahrzeugs der Gabelstapler GmbH		
Ersteigerung eines Gebrauchtfahrzeugs aus der Hersteller-Gebrauchtwagenbörse		

Lernfeld 7

4.2 Ankauf von Gebrauchtfahrzeugen von privat

EINSTIEGSSITUATION

Die Verkaufsleiterin Frau Tannert beauftragt Nora Braun, im Internet ein gebrauchtes Spiders-Cabrio für einen privaten Interessenten zu finden. Nora Braun findet ein entsprechendes Angebot eines Privatanbieters. Der Gebrauchtfahrzeugverkäufer Konstantin Engel sieht sich das Fahrzeug an und kauft es für 22 000,00 € an. Der Rechnungsbetrag wird auf das Konto des Verkäufers überwiesen. Frau Tannert fragt Nora Braun, wie der Buchungssatz dieses Einkaufs aussieht.

AUFGABE 1

Bilden Sie den Buchungssatz des Einkaufs.

_____

_____

AUFGABE 2

Buchen Sie auf T-Konten.

Soll	3050	Haben

Soll	1200	Haben

4.3 Ankauf von Gebrauchtfahrzeugen von Unternehmen

EINSTIEGSSITUATION

Der regionale Verkaufsleiter der Michaelis Importgesellschaft mbH besucht das Autohaus Köppel und bietet der Verkaufsleiterin Laura Tannert fünf Dienstwagen an. Diese Fahrzeuge haben eine geringe Laufleistung und werden zu günstigen Konditionen an den Handel vermarktet. Das Angebot umfasst fünf Big Bag Plus-SUV, 5-türig, 300 PS, Diesel mit einem Nachlass von 40 % auf die UPE, zahlbar sofort per Banküberweisung. Frau Tannert nimmt das Angebot an und beauftragt Nora Braun den Einkaufspreis zu ermitteln und den Einkauf zu buchen.

AUFGABE 1

Ermitteln Sie den Einkaufspreis.

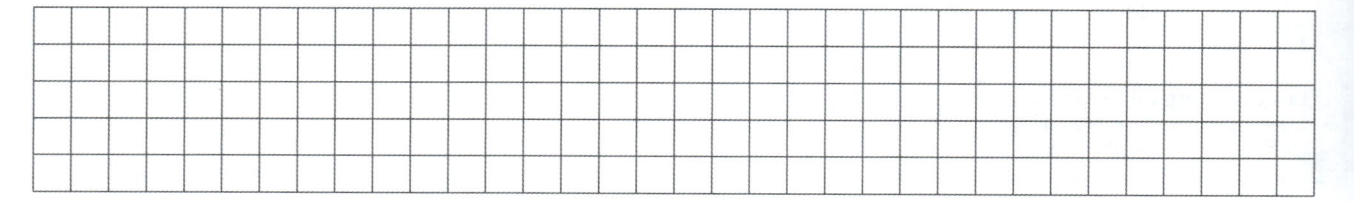

Ankauf und Verkauf von Gebrauchtfahrzeugen

AUFGABE 2

Bilden Sie den Buchungssatz des Einkaufs.

_____
_____
_____

AUFGABE 3

Buchen Sie auf T-Konten.

Soll	3040	Haben

Soll	1576	Haben

Soll	1200	Haben

4.4 Verkauf von Gebrauchtfahrzeugen unter Anwendung der Differenzbesteuerung

EINSTIEGSSITUATION

Das für 22 000,00 € angekaufte Spiders-Cabrio wird für 24 975,00 € an den privaten Interessenten verkauft. Dieser überweist den Rechnungsbetrag vor Übernahme des Gebrauchtfahrzeugs auf das Bankkonto. Frau Tannert fragt Nora Braun, wie der Verkauf umsatzsteuerlich zu bewerten und zu buchen ist.

AUFGABE 1

Ermitteln Sie die Umsatzsteuer nach den Regeln der Differenzbesteuerung.

Lernfeld 7

■ AUFGABE 2

Bilden Sie den Buchungssatz des Verkaufs.

_____
_____
_____
_____
_____
_____
_____

■ AUFGABE 3

Buchen Sie auf T-Konten.

Soll	1200	Haben

Soll	8047	Haben

Soll	8050	Haben

Soll	1776	Haben

Soll	3050	Haben

Soll	7050	Haben

4.5 Verkauf von Gebrauchtfahrzeugen unter Anwendung der Regelbesteuerung

EINSTIEGSSITUATION

Die von der Michaelis GmbH angekauften fünf Dienstwagen Big Bag Plus-SUV, 5-türig, 300 PS, Diesel werden an die Gabelstapler GmbH mit 35 % Nachlass auf die UPE verkauft. Das Unternehmen überweist den Rechnungsbetrag auf das Bankkonto. Frau Tannert beauftragt Nora Braun den Verkaufspreis zu ermitteln und den Verkauf zu buchen.

AUFGABE 1

Ermitteln Sie den Verkaufspreis.

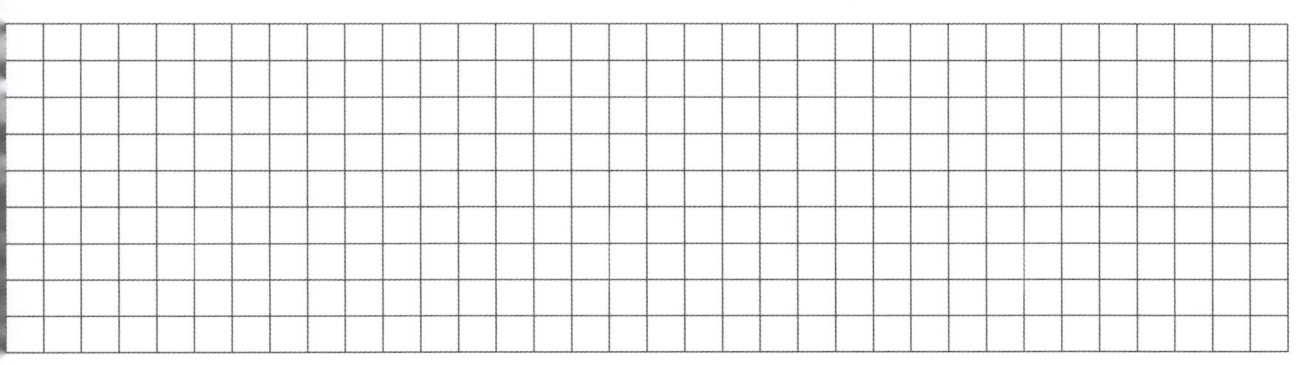

AUFGABE 2

Bilden Sie den Buchungssatz des Verkaufs.

AUFGABE 3

Buchen Sie auf T-Konten.

Soll	1200	Haben

Soll	8040	Haben

Soll	1776	Haben

Lernfeld 7

Soll	3040	Haben
AB	138 655,45	

Soll	7040	Haben

4.6 Reparaturen an Gebrauchtfahrzeugen

> **EINSTIEGSSITUATION**
>
> Nora Braun überprüft Gebrauchtfahrzeugakten auf Vollständigkeit und findet interne Werkstattrechnungen.

■ AUFGABE 1

Nennen Sie Beispiele für werterhaltende und werterhöhende Reparaturen an Gebrauchtfahrzeugen und erläutern Sie den Unterschied.

___

■ AUFGABE 2

Welche buchhalterischen Auswirkungen haben werterhöhende Reparaturen beim Gebrauchtfahrzeugverkauf im Rahmen der Differenzbesteuerung?

___

4.7 Verkauf von Neufahrzeugen unter Inzahlungnahme eines Gebrauchtfahrzeugs

LERNSITUATION

Die Verkaufsleiterin Laura Tannert erklärt Nora Braun den engen Zusammenhang zwischen Neufahrzeug- und Gebrauchtfahrzeugabteilung am nachfolgenden Beispiel und gibt Nora den Auftrag, dieses grafisch darzustellen, die entsprechenden Buchungssätze zu bilden und auf T-Konten zu buchen. Darüber hinaus soll Nora die Bruttoerträge der Einzelgeschäfte separat und den Gesamtbruttoertrag in Euro und Prozent ermitteln.

Beispiel:
Der Neufahrzeugverkäufer Max Tursch verkauft einen Lagerwagen Neufahrzeug Big Bag Plus-SUV, 5-türig, 300 PS, Diesel, an den Privatkunden Björn Löser für 50 000,00 € brutto, dabei nimmt er ein älteres Modell Phantasia-Limousine, 5-türig, 150 PS, Diesel, für 10 000,00 € in Zahlung. Den restlichen Betrag überweist Herr Löser vor Neuwagenübernahme auf das Bankkonto der Autohaus Köppel GmbH. Die Gebrauchtfahrzeugverkäuferin Dana Zoren verkaufte zwischenzeitlich das o. g. in Zahlung genommene Modell Phantasia-Limousine nach fünf Standtagen für 13 570,00 € an den Privatkunden Fritz Fischer. Dieser bezahlte bar.

ARBEITSAUFTRÄGE

1. Informieren Sie sich über Ihren Themenbereich.
2. Erstellen Sie die geforderte Grafik und bilden Sie die Buchungssätze.
3. Bestimmen Sie die Bruttobeträge der Einzelgeschäfte und den Gesamtbruttobetrag in Euro sowie in Prozent.
4. Notieren Sie Ihren Lösungsweg übersichtlich und nachvollziehbar.
5. Bereiten Sie sich auf die Präsentation vor.
6. Präsentieren Sie Ihre Ergebnisse und erläutern Sie Ihre Vorgehensweise.
7. Nutzen Sie Ihr neu gewonnenes Wissen für die Zukunft.

EINSTIEGSSITUATION

Zur Übung sind verschiedene Aufgaben von Nora Braun zu erledigen.

AUFGABE 1

Stellen Sie die Zusammenhänge grafisch dar. Nutzen Sie dazu das folgende Schema.

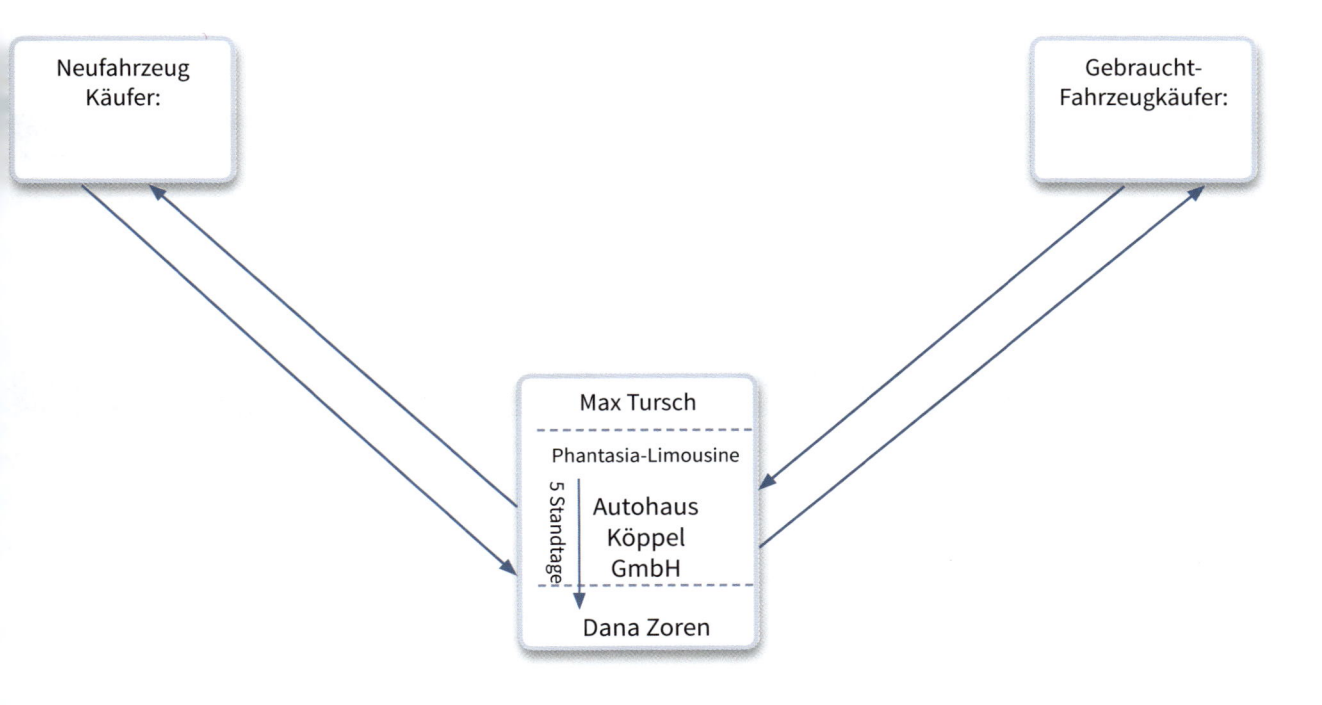

Lernfeld 7

AUFGABE 2

Bilden Sie alle notwendigen Buchungssätze.

AUFGABE 3

Buchen Sie auf T-Konten.

Neufahrzeugverkauf:

Soll	1200	Haben
AB	53 000,00	

Soll	3050	Haben

Soll	8000	Haben

Soll	1776	Haben

Ankauf und Verkauf von Gebrauchtfahrzeugen

Soll	3000 Bestand NW	Haben
AB	81 344,54	

Soll	7000	Haben

Gebrauchtfahrzeugverkauf:

Soll	1000	Haben
AB	4 200,00	

Soll	8047	Haben

Soll	8050	Haben

Soll	1776	Haben

Soll	3050	Haben
AB	92 000,00	

Soll	7047	Haben

AUFGABE 3

Vervollständigen Sie folgende Tabelle zur Bruttoertragsermittlung.

	Erlöse (in €)	VAK (in €)	Bruttoertrag (in €)	Bruttoertrag (in %)
NW-Verkauf				
GW-Verkauf				
Gesamt				

Lernfeld 7

4.8 Gebrauchtfahrzeugbewertung und Instandsetzung

> **EINSTIEGSSITUATION**
>
> Nora Braun ist am Vormittag in der Werkstatt der Autohaus Köppel GmbH eingesetzt. Sie sieht bei einer Gebrauchtfahrzeugbewertung zu.

■ AUFGABE 1

Informieren Sie sich über den Ablauf einer Gebrauchtfahrzeugbewertung in Ihrem Autohaus und halten Sie Ihre Ergebnisse schriftlich fest. Sammeln Sie evtl. Formulare/Vordrucke, die den Mitarbeitern aus der Werkstatt als Hilfestellung dienen. Bringen Sie diese zur nächsten Schulstunde mit. Diskutieren Sie Ihre Ergebnisse im Klassenplenum.

_____
_____
_____
_____
_____
_____
_____
_____

■ AUFGABE 2

Erläutern Sie, warum eine korrekte Fahrzeugbewertung für Ihr Autohaus von größter Wichtigkeit ist.

_____
_____
_____
_____

■ AUFGABE 3

Welche Arten der Inzahlungnahme eines Gebrauchtfahrzeugs sind möglich? Nennen und erläutern Sie diese.

_____
_____
_____
_____
_____
_____
_____

Ankauf und Verkauf von Gebrauchtfahrzeugen

AUFGABE 4

Sie haben ein gebrauchtes Fahrzeug angekauft. Wie ist die Vorgehensweise in Bezug auf die Instandsetzung in Ihrem Autohaus? Informieren Sie sich über die Abläufe und stellen Sie diese im Klassenplenum vor.

___

AUFGABE 5

Der Onlinehandel für Gebrauchtfahrzeuge nimmt immer mehr zu. Wie geht Ihr Autohaus damit um? Wie und auf welchen Plattformen werden die Fahrzeuge von Ihren Verkaufsberatern präsentiert und worauf ist bei der Präsentation in Onlineplattformen zu achten?

___

AUFGABE 6

Erstellen Sie für ein von Ihnen selbst gewähltes Fahrzeug eine fiktive Onlineanzeige. Stellen Sie Ihre Ergebnisse im Plenum vor und prüfen Sie die Anzeigen auf Vollständigkeit und Richtigkeit. Geben Sie sich gegenseitig ein konstruktives Feedback.

Lernfeld 7

4.9 Verkaufspreisermittlung und Verkaufsabwicklung

EINSTIEGSSITUATION

Pascal Palm unterstützt Herrn Giglione bei der Verkaufsabwicklung und bei der Verkaufspreisermittlung von gebrauchten Fahrzeugen.

AUFGABE 1

Wie wird in Ihrem Autohaus der Verkaufspreis für gebrauchte Fahrzeuge ermittelt? Stellen Sie Ihre Ergebnisse im Plenum vor.

4.10 Nachkalkulation erfolgter Gebrauchtwagenverkäufe

EINSTIEGSSITUATION

Pascal Palm unterstützt Laura Tannert bei der Nachkalkulation von Gebrauchtfahrzeuggeschäften.

AUFGABE 1

Ermitteln Sie den Gewinn/Verlust des folgenden Geschäfts: Ein Gebrauchtfahrzeug wurde für 12 200,00 € netto angekauft. Der erzielte Verkaufserlös nach 63 Tagen Standzeit betrug 16 900,00 € netto. Bevor das Fahrzeug vermarktet werden konnte, fiel ein Instandsetzungsaufwand von 1 300,00 € netto an. An Provision erhielt der Verkäufer pauschal 300,00 €. Der Fahrzeugaufbereiter stellte 230,00 € netto in Rechnung. Als Standzeitkosten wird im Autohaus Köppel pauschal ein Betrag von 9,50 € netto pro Standtag berechnet.

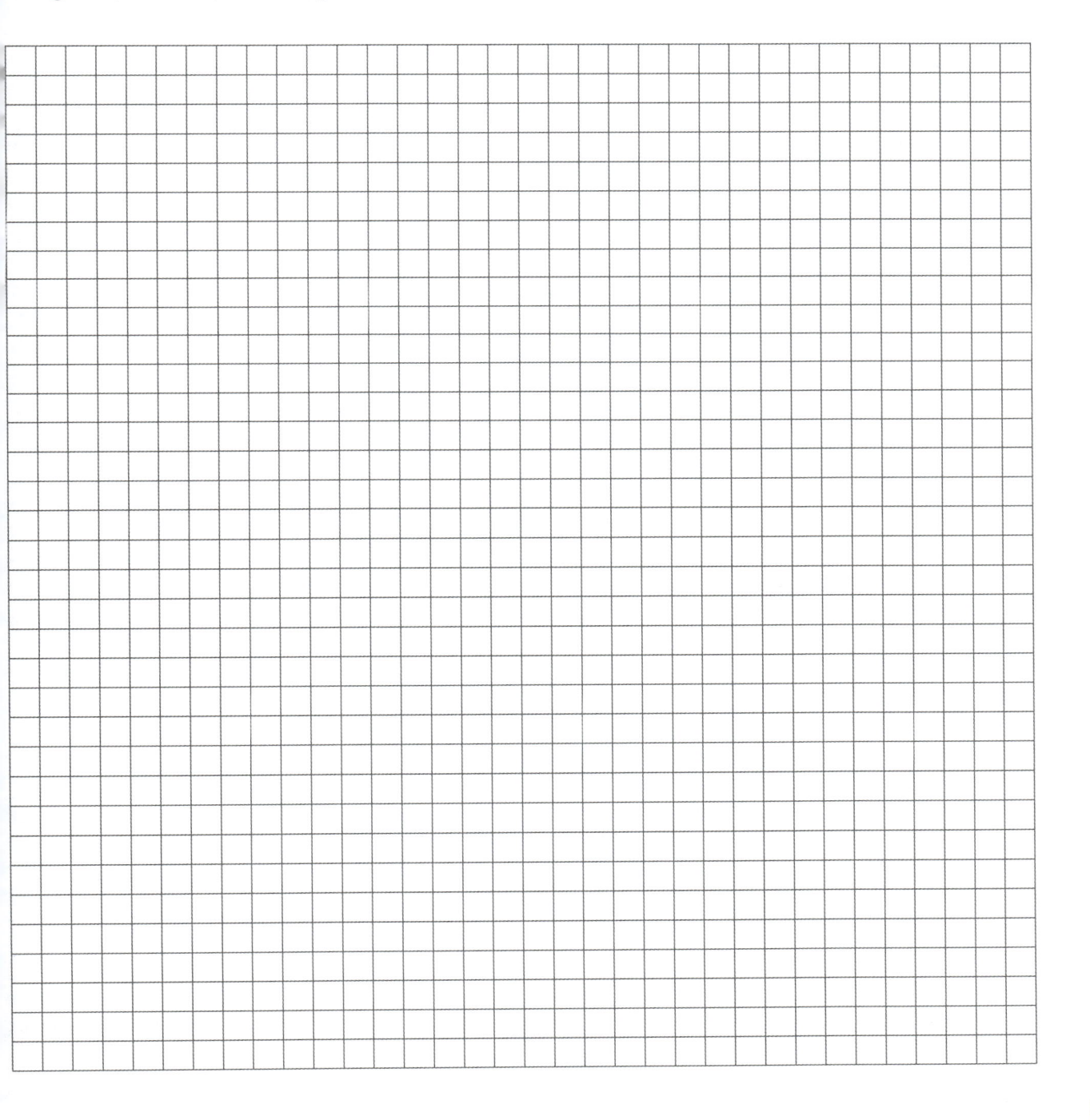

Lernfeld 8

Finanzdienstleistungen anbieten

1 Finanzierungsangebote des Autohauses

LERNSITUATION 1

Herr Giglione hat einen Termin für das Verkaufsgespräch mit Familie Neuhaus vereinbart. Der Auszubildende, Herr Palm, unterstützt ihn dabei. Der Kunde interessiert sich für den leistungsstarken Maximo-Kombi „Sports Tourer". Das Neufahrzeug ist mit 39 000,00 € ausgezeichnet. Das aktuelle Angebot zur Finanzierung lautet wie folgt:

Fahrzeugpreis:	39 000,00 € inkl. Überführung und Zulassung
Anzahlung:	20 %
Nettodarlehensbetrag:	31 200,00 €
Sollzinssatz p. a.:	1,88 %
Effektiver Jahreszins:	1,88 %
Vertragslaufzeit:	36 Monate
Schlussrate:	17 550,00 € bei 10 000 km jährlicher Fahrleistung
	35 monatliche Finanzierungsraten à 429,28 €
Kreditsicherheit:	Sicherungsübereignung

Die Familie wird am Verkaufstermin eine Probefahrt unternehmen. Anschließend soll das Finanzierungsangebot erläutert und auch der Unterschied zur Barzahlung und zur Standardfinanzierung erklärt werden. Herr Giglione bittet Herrn Palm, sich auf das Gespräch vorzubereiten und dieses zu führen.

ARBEITSAUFTRÄGE

1. Informieren Sie sich über Ihren Themenbereich und nutzen Sie auch Ihr Wissen aus vorherigen Unterrichtsstunden.
2. Skizzieren Sie stichpunktartig die verschiedenen Finanzierungsarten und finden Sie jeweils ein Beispiel, wann die jeweilige Finanzierungsart für den Kunden Sinn macht. Prüfen Sie auch, ob das Leasing in der Schufa des in Anspruch nehmenden Kunden eingetragen wird und halten Sie Ihre Ergebnisse ebenfalls fest.
3. Gestalten Sie Ihre Informationen ansprechend. Diese sollen später als eine Art Flyer an interessierte Kunden während des Verkaufsgesprächs übergeben werden.
4. Bereiten Sie sich auf das Gespräch unter Berücksichtigung der aufgeführten Informationen aus der Situation vor. Gehen Sie dabei auch auf die Barzahlung und die Standardfinanzierung ein.
5. Führen Sie das Gespräch in einer szenischen Darstellung (Familie Neuhaus, Auszubildender Herr Palm, Verkaufsberater Herr Giglione) und erläutern Sie der Familie Neuhaus auch die verschiedenen Finanzierungsarten mithilfe Ihres erstellten Flyers.
6. Prüfen Sie die Inhalte des Gesprächs auf Vollständigkeit und Richtigkeit und geben Sie sich gegenseitig ein Feedback.
7. Nutzen Sie Ihr neu gewonnenes Wissen für die Zukunft.

1.1 Kreditfinanzierung über die Herstellerbank

EINSTIEGSSITUATION

Um das Wissen zum Thema „Finanzierungsangebote des Autohauses" zu vertiefen, sind verschiedene Aufgaben zu lösen.

Finanzierungsangebote des Autohauses

AUFGABE 1

Erklären Sie die folgenden Begriffe:

Nettodarlehensbetrag: _____

Sollzinssatz: _____

Effektiver Jahreszins: _____

_____

Schlussrate: _____

_____

Sicherungsübereignung: _____

_____

AUFGABE 2

Vervollständigen Sie die nachstehende Vergleichstabelle.

Finanzierungs-möglichkeiten	Barzahlung	Standardfinanzierung mit Anzahlung	Schlussratenfinanzierung
Wesentliche Merkmale			
Vorteile aus Sicht des Kunden			
Nachteile aus Sicht des Kunden			

Lernfeld 8

Finanzierungs-möglichkeiten	Barzahlung	Standardfinanzierung mit Anzahlung	Schlussratenfinanzierung
Vorteile aus Sicht des Autohauses			
Nachteile aus Sicht des Autohauses			

■ AUFGABE 3

Bei der Schlussratenfinanzierung trifft der Kunde bei Vertragsabschluss eine Zusatzvereinbarung mit dem Autohaus. Danach hat er einen Monat vor Ablauf des Kreditvertrags zwei bzw. drei Wahlmöglichkeiten (Zwei- bzw. Drei-Wege-Finanzierung). Ergänzen Sie dazu die folgende Tabelle.

1. Möglichkeit:	Der Kunde behält sein Fahrzeug, begleicht die bei Vertragsabschluss festgelegte Schlussrate und wird dadurch Eigentümer des Fahrzeugs.
2. Möglichkeit:	Der Kunde behält sein Fahrzeug und wählt eine Weiterfinanzierung der Schlussrate durch einen neuen Vertrag bei der Autobank. Diese Anschlussfinanzierung erfolgt zu den (meist schlechteren) Bedingungen einer Gebrauchtwagenfinanzierung. Voraussetzung ist, dass der Kunde seine Darlehensraten bisher pünktlich geleistet hat und dass sich das Fahrzeug in einem vertragsgemäßen Zustand befindet.
3. Möglichkeit:	Der Kunde gibt sein Fahrzeug am Tag der Fälligkeit der Schlussrate an sein Autohaus zurück. Der Händler kauft das in vertragsgemäßem Zustand befindliche Fahrzeug zu dem im Kreditvertrag **garantierten Mindestwert** (dieser entspricht der Schlussrate) zurück, auch wenn der Preis für das Fahrzeug auf dem Gebrauchtwagenmarkt in der Zwischenzeit gesunken sein sollte (Vermarktungsrisiko des Händlers). Probleme bereiten könnten bei der Rückgabe unterschiedliche Ansichten über den Zustand des Fahrzeugs und mögliche Nachzahlungsforderungen des Händlers.

Finanzierungsangebote des Autohauses

AUFGABE 4

Berechnen Sie die Monatsrate (siehe Lernsituation auf S. 72) nach der Methode der durchschnittlichen Schuld.

Nettodarlehensbetrag (Anfangsschuld)	
– Schlussrate (Ballonrate) im 36. Monat	
Gesamte Tilgung nach 35 Monaten	
Gesamte Schuld	
Durchschnittliche Schuld	
Ø Tilgung pro Monat	
+ Ø Zinsen pro Monat (Monatszinsformel[1])	
Monatsrate	

Raum für Nebenrechnungen:

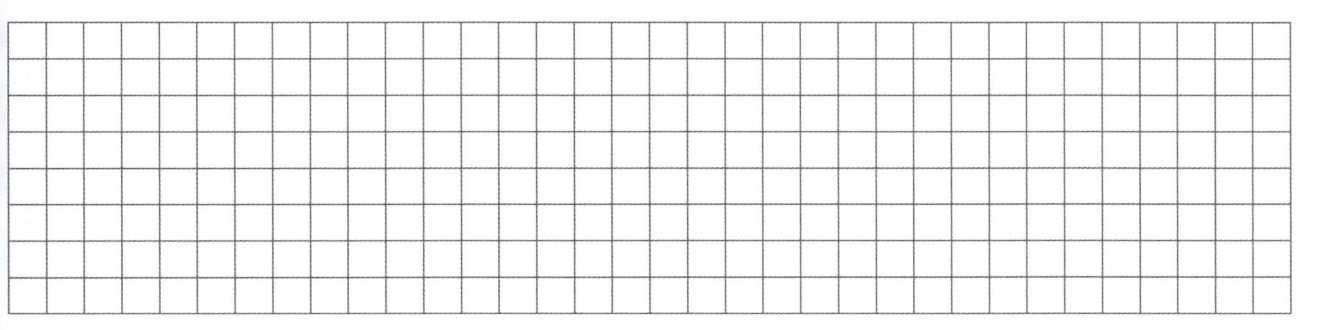

AUFGABE 5

Berechnen Sie die Monatsrate (siehe Lernsituation auf S. 72) nach der Methode der durchschnittlichen Schuld für den Fall der Standardfinanzierung mit Anzahlung.

Nettodarlehensbetrag (Anfangsschuld)	
Durchschnittliche Schuld	
Ø Tilgung pro Monat	
+ Ø Zinsen pro Monat (Monatszinsformel[1])	
Monatsrate	

Raum für Nebenrechnungen:

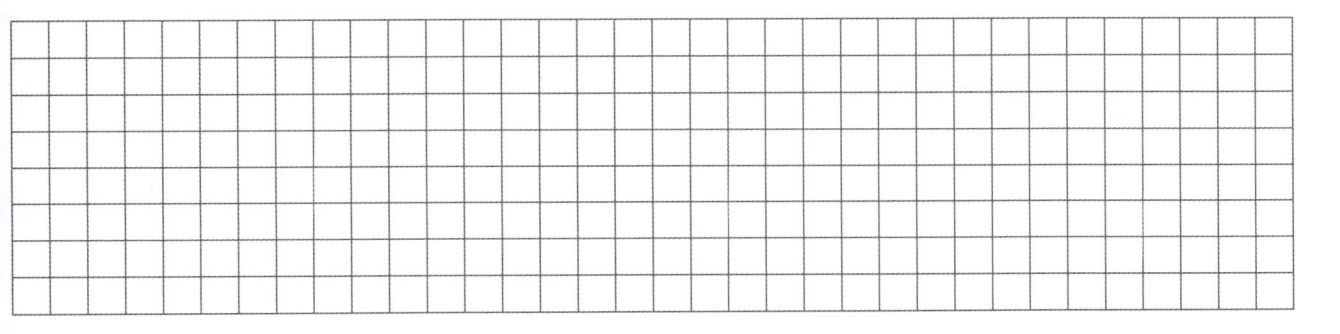

Lernfeld 8

AUFGABE 6

Nummerieren und bezeichnen Sie die Vertragsbeziehungen bei der Kreditfinanzierung des Autokunden über die Herstellerbank.

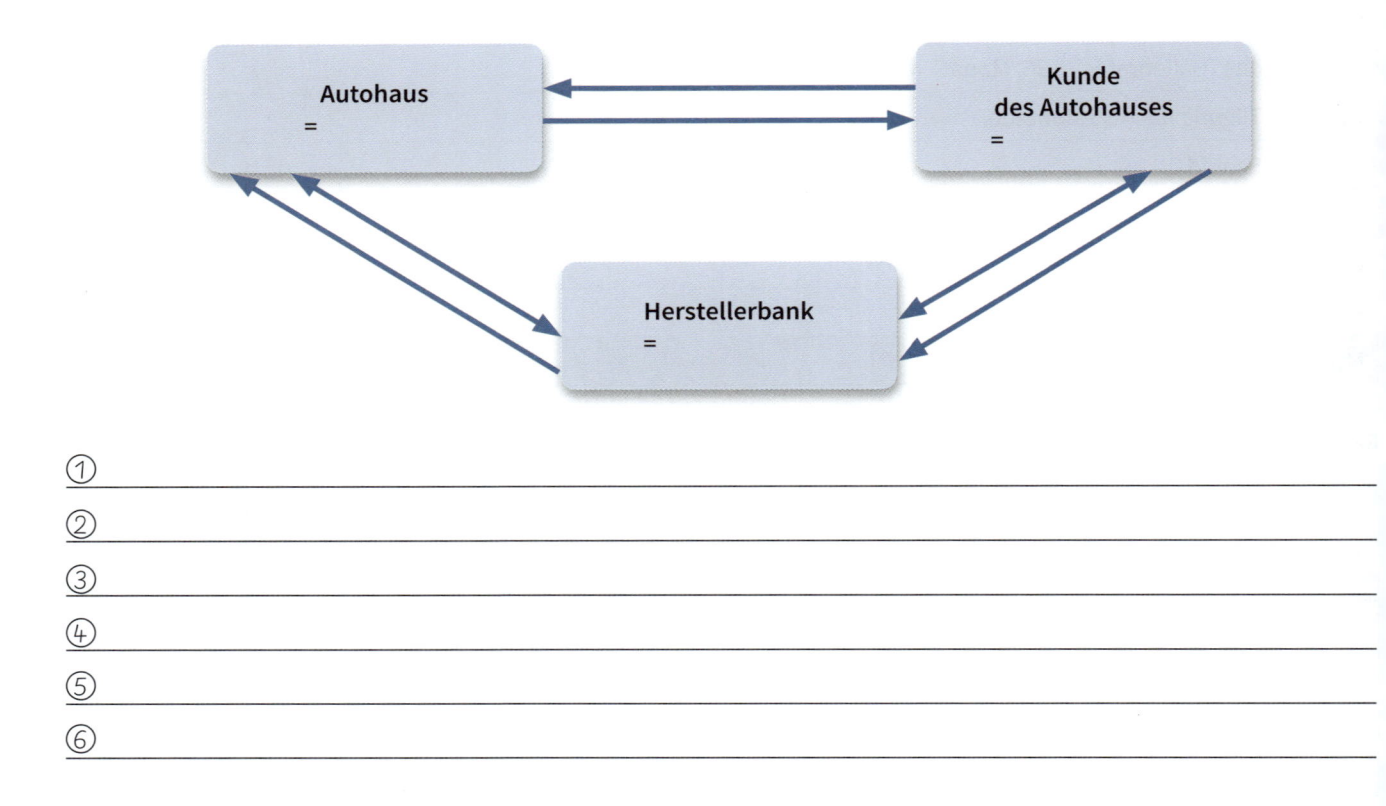

```
        Autohaus  ←——————————→  Kunde
           =                    des Autohauses
                                    =
              ↖  ↖          ↗  ↗
                 Herstellerbank
                       =
```

① _____
② _____
③ _____
④ _____
⑤ _____
⑥ _____

AUFGABE 7

Beschreiben Sie die Vertragsbeziehungen bei einem Kreditvertrag, der durch eine selbstschuldnerische Bürgschaft gesichert ist, indem Sie die passenden Begriffe im folgenden Schema ergänzen.

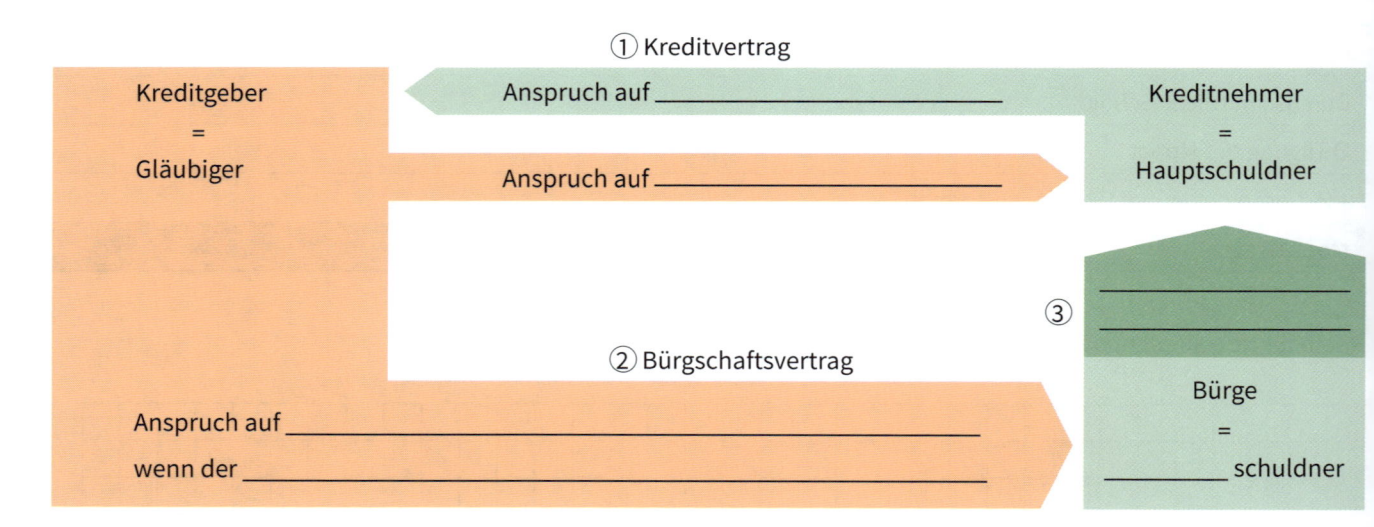

① Kreditvertrag

Kreditgeber = Gläubiger

Anspruch auf _____

Anspruch auf _____

Kreditnehmer = Hauptschuldner

③ _____
   _____

② Bürgschaftsvertrag

Anspruch auf _____
wenn der _____

Bürge = _____ schuldner

Finanzierungsangebote des Autohauses

AUFGABE 8

Beschreiben Sie die Vertragsbeziehungen bei einem Kreditvertrag, der durch eine Sicherungsübereignung gesichert ist, indem Sie die passenden Begriffe ins Schema eintragen. Zählen Sie anschließend Vorteile und Nachteile aus der Sicht des Gläubigers und des Schuldners auf.

① Kreditvertrag

Kreditgeber = Gläubiger = Sicherungsnehmer wird _____

Anspruch auf _____

Anspruch auf _____

② Sicherungsübereignungsvertrag

Übertragung des _____
am _____

Kreditnehmer = Schuldner = Sicherungsgeber bleibt _____

Vorteile für den Gläubiger

Vorteile für den Schuldner

Nachteile für den Gläubiger

Nachteile für den Schuldner

1.2 Leasingfinanzierung über die Leasinggesellschaft des Herstellers

EINSTIEGSSITUATION

Nachdem sich Pascal Palm mit der „Kreditfinanzierung der Herstellerbank" beschäftigt hat, steigt er nun in den Themenbereich Leasing ein und arbeitet verschiedene Schulungsunterlagen durch.
Am heutigen Tag berät er die Familie Neuhaus, die sich für die Big-House-Großraumlimousine interessiert. Er bietet der Familie ein Privatkunden-Leasing an.

AUFGABE 1

Erklären Sie den Begriff „Leasing".

_____
_____

Lernfeld 8

AUFGABE 2

Nummerieren und bezeichnen Sie die Vertragsbeziehungen bei der Leasingfinanzierung des Autokunden über die Leasinggesellschaft der Herstellerbank.

```
    Autohaus  ←——————————→  Kunde des Autohauses
       =                           =
         ↖    ↘         ↗    ↙
            Leasinggesellschaft des
                  Herstellers
                       =
```

① _____
② _____
③ _____
④ _____
⑤ _____
⑥ _____

AUFGABE 3

Unterscheiden Sie die Vertragsmodelle beim Kraftfahrzeug-Leasing. Ergänzen Sie die nachstehende Tabelle.

	Leasing mit _____ (Closed-End-Leasing)	Leasing mit _____ (Open-End-Leasing)
Merkmale z. B.: Wer trägt das Restwert-risiko? Leasingdauer		
Übliche Regelung am Ende der Grundmietzeit		

Finanzierungsangebote des Autohauses

AUFGABE 4

Nennen Sie fünf Dienstleistungen, die beim Full-Service-Leasing angeboten werden.

_____
_____
_____
_____
_____
_____
_____
_____

AUFGABE 5

Berechnen Sie die Leasingrate für die Big House-Großraumlimousine bei folgenden Annahmen: Leasingdauer 48 Monate, Fahrleistung 10 000 km/Jahr, Kaufpreis 50 000,00 €, 20 % Mietsonderzahlung, Sollzinssatz = effektiver Jahreszins 1,99 %.

Auszug aus der Leasingfaktoren-Tabelle für die Big House-Großraumlimousine:

Km pro Jahr	Laufzeit in Monaten				
	24	30	36	42	48
	Restwert in %				
10 000	56	54	53	49	45
15 000	54	51	50	46	43
20 000	52	48	47	43	42
25 000	50	46	44	40	38
	Leasingfaktoren für Anschaffungskosten in %				
	5,120	4,210	3,590	3,060	2,059
	Leasingfaktoren für Gebrauchtwagenwert in %				
	3,940	3,090	2,520	2,110	1,810

Berechnung der Leasingrate mithilfe der Leasingfaktoren-Tabelle:

		Leasingfaktor	Leasingrate
Kaufpreis – Rabatt			
= Auslieferungspreis			
–			
= Anschaffungskosten			
– 45 % kalkulierter Restwert			
= Prognostizierter Wertverlust			

Lernfeld 8

Berechnung der Leasingrate mithilfe der Methode der durchschnittlichen Schuld:

– Rabatt	0,00 %	- €
–	20,00 %	
= Leasingberechnungsgrundlage		
–	45,00 %	
Gesamte Wertminderung nach 48 Monaten		
Gesamte Schuld		
Durchschnittliche Schuld		
Ø Wertminderung pro Monat		
+ Ø Zinsen pro Monat (Monatszinsformel)		
Monatliche Leasingrate		

Raum für Nebenrechnungen:

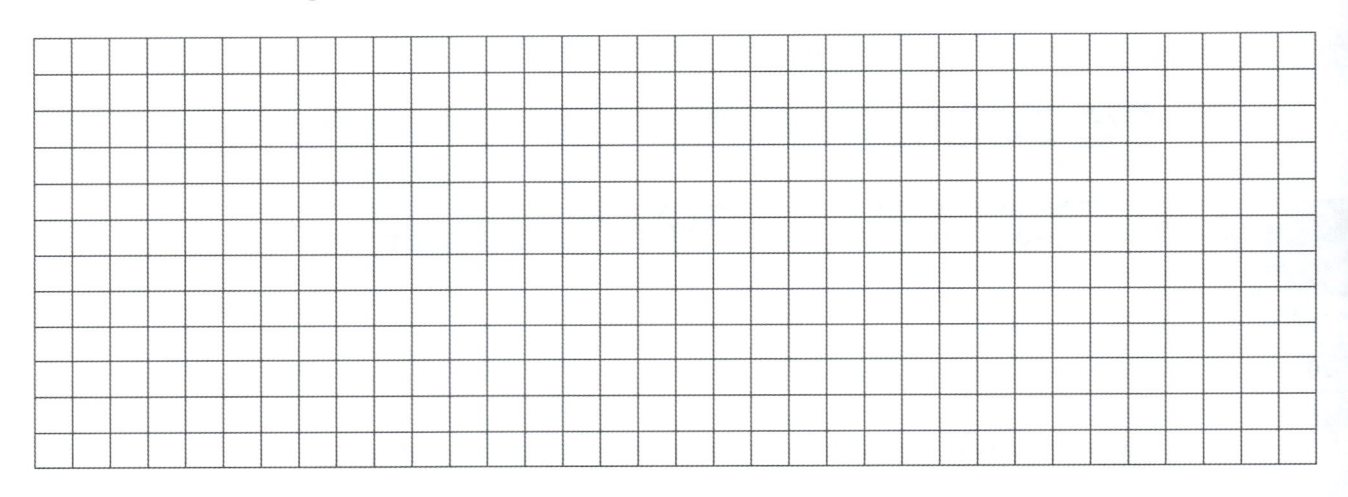

■ AUFGABE 6

Erläutern Sie sechs Vorteile des Leasings für einen Privatkunden.

_____
_____
_____
_____
_____
_____
_____
_____

Finanzierungsangebote des Autohauses

AUFGABE 7

Erläutern Sie zwei Nachteile des Leasings für einen Privatkunden.

_____
_____
_____
_____

1.3 Kreditfinanzierung und Leasing im Vergleich

EINSTIEGSSITUATION

Pascal Palm konnte die Familie Neuhaus für die Big House-Großraumlimousine begeistern. Frau Neuhaus betreibt ein gut gehendes Nagelstudio. Sie führt zunehmend auch Hausbesuche durch. Sie will wissen, ob es für sie günstiger ist, das Auto privat oder über das Geschäft anzumelden und ob in ihrem Fall die Kreditfinanzierung oder die Leasingfinanzierung günstiger wäre. Herr Palm gibt Frau Neuhaus eine Empfehlung auf der Grundlage von konkreten Berechnungen. Dabei legt er die zuvor errechnete Leasingrate zugrunde.

AUFGABE 1

Berechnen Sie die Monatsrate (Tilgungs- und Zinsanteil) für die Schlussratenfinanzierung der Big House-Großraumlimousine. Gehen Sie von den Daten aus Aufgabe 5 auf S. 79 f. aus und beachten Sie, dass die Anzahlung 20 % und die Schlussrate (48. Rate) 45 % des Kaufpreises beträgt.

Berechnen Sie die Monatsrate nach der Methode der durchschnittlichen Schuld.

Kaufpreis	
– Anzahlung	
= Nettodarlehensbetrag (Anfangsschuld)	
– Schlussrate (Ballonrate) im 48. Monat	
= Gesamte Tilgung nach 47 Monaten	
Gesamte Schuld	
Durchschnittliche Schuld	
Ø Tilgung pro Monat	
+ Ø Zinsen pro Monat (Monatszinsformel[1])	
Monatsrate	

Raum für Nebenrechnungen:

Lernfeld 8

■ AUFGABE 2

Vergleichen Sie die Ausgaben, die beim Autokredit anfallen, mit den Ausgaben der Leasingfinanzierung, wenn Frau Neuhaus das Auto privat nutzt. Gehen Sie davon aus, dass die Familie Neuhaus das Fahrzeug nach Ablauf der Vertragszeit in einwandfreiem Zustand zurückgibt.

Schlussratenfinanzierung mit Rückkaufvereinbarung:

Anzahlung	
+ 47 Ratenzahlungen ( )	
+ Schlussrate (entspricht hier dem Restwert)	
= Gesamte Ausgaben nach 48 Monaten	

Leasingfinanzierung mit Restwertabrechnung:

Mietsonderzahlung	
+ 48 Leasingraten ( )	
+ Mindererlös bzw. – Mindererlös am Vertragsende	
= Gesamte Ausgaben nach 48 Monaten	

Ergebnis:

_____
_____
_____
_____
_____

■ AUFGABE 3

Vergleichen Sie die steuerlich wirksamen Aufwendungen, die beim Autokredit anfallen, mit denen der Leasingfinanzierung (Leasinggeber bilanziert), wenn Frau Neuhaus das Auto geschäftlich nutzt. Gehen Sie von einer betrieblichen Nutzungsdauer von sechs Jahren aus und davon, dass Frau Neuhaus das Fahrzeug nach Ablauf der Vertragszeit in einwandfreiem Zustand zurückgibt.

Schlussratenfinanzierung mit Rückkaufvereinbarung:

Summe des Zinsanteils der Raten:	
+ Abschreibungen nach 48 Monaten (4 Jahre)	
= Steuerlich wirksame Aufwendungen	
– Steuervorteil bei der Gewerbesteuer (14 %)	
– Steuervorteil bei der Einkommensteuer (30 %)	
= Aufwendungen nach Steuerwirkung	

Finanzierungsangebote des Autohauses

Raum für Nebenrechnungen:

Leasingfinanzierung mit Restwertabrechnung:

Mietsonderzahlung	
+ Summe der Leasingraten nach 48 Monaten	
= Steuerlich wirksame Aufwendungen	
– Steuervorteil bei der Gewerbesteuer (14 %)	
– Steuervorteil bei der Einkommensteuer (30 %)	
= Aufwendungen nach Steuerwirkung	

Ergebnis:

AUFGABE 4

Erläutern Sie sechs Vorteile des Leasings für einen Geschäftskunden.

Lernfeld 8

AUFGABE 5

Wer bilanziert in folgenden Fällen? Kreuzen Sie entsprechend an.

Sachverhalt	Leasinggeber	Leasingnehmer
Die Grundmietzeit beträgt zwischen 40 % und 90 % der betriebsgewöhnlichen Nutzungsdauer.		
Die Grundmietzeit beträgt unter 40 % der betriebsgewöhnlichen Nutzungsdauer.		
Es liegt ein Operate-Leasing-Vertrag vor.		
Es liegt ein Spezialleasing vor.		
Es liegt ein Finanzierungsleasing mit Kaufoption vor (der Kaufpreis liegt unter dem mittels Abschreibung ermittelten Restbuchwert).		
Finanzierungsleasing mit Vollamortisation ohne Kaufoption		
Finanzierungsleasing mit Mietverlängerungsoption, wenn die vereinbarte Verlängerungsleasingrate mindestens der linearen Abschreibung auf den Restbuchwert entspricht		
Finanzierungsleasing mit Andienungsrecht des Leasinggebers nach Ablauf der Grundmietzeit		

2 Weitere Dienstleistungen des Autohauses

LERNSITUATION 2

Um die Autohaus Köppel GmbH noch attraktiver für Kunden zu machen, sollen die weiteren Dienstleistungen, die das Autohaus anbietet, auf einem Flyer übersichtlich aufgelistet werden. Der Flyer soll sowohl in Papierform an die Kunden als auch zum Download auf der Homepage zur Verfügung gestellt werden. Die Auszubildenden, Nora Braun und Pascal Palm, sollen diese Aufgabe übernehmen.

ARBEITSAUFTRÄGE

1. Informieren Sie sich über Ihren Themenbereich und nutzen Sie auch Wissen aus vorherigen Unterrichtsstunden.
2. Halten Sie Dienstleistungen, die Ihr Autohaus anbietet bzw. anbieten könnte, in einer Mindmap fest.
3. Vergleichen Sie Ihre Ergebnisse und erstellen Sie mithilfe Ihrer Stichpunkte aus dem Mindmap den Flyer. Gestalten Sie diesen ansprechend.
4. Bereiten Sie sich auf die Präsentation vor.
5. Präsentieren Sie Ihre Ergebnisse und geben Sie sich gegenseitig ein Feedback.
6. Nehmen Sie ggf. Änderungen/Ergänzungen vor und Nutzen Sie Ihr neu gewonnenes Wissen für die Zukunft

TIPP
- Vergleichen Sie Ihre gefundenen Möglichkeiten in Bezug auf weitere Dienstleistungen und prüfen Sie, ob diese alle in Ihrem Unternehmen angeboten werden.
- Vereinbaren Sie ein Gespräch mit Ihrem Vorgesetzten und erläutern Sie ihm Vor- und Nachteile der nicht angebotenen Dienstleistungen.
- Stellen Sie die Ergebnisse aus Ihrem Gespräch im Plenum vor.

Weitere Dienstleistungen des Autohauses

2.1 Vermittlung von Kraftfahrtversicherungen

> **EINSTIEGSSITUATION**
>
> Damit die Auszubildenden den Flyer erstellen können, bereiten sie sich durch das Bearbeiten von verschiedenen Aufgaben auf ihren Themenbereich vor.

AUFGABE 1

Unterscheiden Sie die versicherten Risiken bei der Kfz-Haftpflichtversicherung, der Teilkasko- und der Vollkaskoversicherung, indem Sie die nachfolgende Tabelle mithilfe Ihres Lehrbuches ausfüllen.

Versicherungsart	Versicherte Risiken (Versicherungsumfang)
Kfz-Haftpflichtversicherung	
Teilkaskoversicherung	
Vollkaskoversicherung	

Lernfeld 8

AUFGABE 2

Die Versicherungsgesellschaft des Herstellers bietet bei der Kfz-Haftpflicht- bzw. Kaskoversicherung zwei Tarife mit unterschiedlichem Versicherungsumfang und unterschiedlicher Beitragshöhe an. Erläutern Sie die farbig markierten Begriffe.

	Volltarif	Grundtarif
Kfz-Haftpflichtversicherung		
Mallorca-Police	enthalten	nicht enthalten
Rabattretter	Rabattretter ab SF 25	kein Rabattretter
Rückstufung im Schadensfall	relativ geringe Rückstufung	relativ starke Rückstufung
Rabattretter	Rabattretter ab SF 25	kein Rabattretter
Rückstufung im Schadensfall	Relativ geringe Rückstufung	Relativ starke Rückstufung
Rückkauf von Vollkaskoschäden	möglich	nicht möglich
Eigenschäden	enthalten	nicht enthalten
Einrede der groben Fahrlässigkeit	weitgehender Verzicht	kein Verzicht
Wildschaden	alle Tiere	Haarwild nach dem Bundesjagdgesetz
Lawinenschäden	enthalten	nicht enthalten
Schäden durch Marderbiss in der Teilkasko	enthalten	nicht enthalten
Neupreisentschädigung	innerhalb von 18 Monaten	innerhalb von sechs Monaten (abzgl. 1 % pro gefahrene 1 000 km)
Austausch der Tür- und Lenkradschlösser nach Entwendung der Fahrzeugschlüssel	enthalten	nicht enthalten
GAP-Deckung	enthalten	nicht enthalten

Weitere Dienstleistungen des Autohauses

AUFGABE 3

Beschreiben Sie die versicherten Risiken bei folgenden Sparten der Kraftfahrtversicherung.

Versicherungsart	Versicherte Risiken (Versicherungsumfang)
Kraftfahrtunfall-versicherung	
Fahrerschutzversicherung	

Lernfeld 8

Versicherungsart	Versicherte Risiken (Versicherungsumfang)
Kraftfahrtrechtsschutzversicherung	
Kfz-Schutzbriefversicherung	
Kfz-Umweltschadenversicherung	

■ AUFGABE 4

Sind folgende Aussagen richtig oder falsch? Kreuzen Sie an.

Im Fall eines Reparaturschadens ersetzt die Vollkaskoversicherung …

Aussage	richtig	falsch
… die Kosten für die Wiederherstellung des Fahrzeugs bis zur Höhe des Zeitwerts des Fahrzeugs.		
… die Kosten für die Ersatzmobilität (Ersatzwagen bzw. Hol- und Bringdienst) und den Nutzungsausfall.		
… die durch die Reparatur entstandene Wertminderung des Fahrzeugs.		
… die anfallenden Reparaturarbeiten, wenn sie in einer Vertragswerkstatt durchgeführt und Originalersatzteile des Herstellers verwendet werden.		
… den Neupreis (abzüglich Restwert) des Fahrzeugs, wenn innerhalb von 18 bzw. sechs Monaten nach Erstzulassung die Reparaturkosten 80 % des Neupreises betragen.		

---

1 Vom USchadG werden Schäden an Gewässern, am Boden sowie an geschützten Arten und natürlichen Lebensräumen (Biodiversität) erfasst. Das Gesetz sieht keine zivilrechtliche Haftung, sondern ein System der verwaltungspolizeilichen und damit öffentlich-rechtlichen Gefahrenabwehr vor.

Weitere Dienstleistungen des Autohauses

AUFGABE 5

Sind folgende Aussagen richtig oder falsch? Kreuzen Sie an.

Die Vollkaskoversicherung leistet nicht, …

Aussage	richtig	falsch
… wenn der Versicherte den Schaden selbst verschuldet hat.		
… wenn das Fahrzeug mutwillig beschädigt wurde.		
… bei einem Zusammenstoß mit Haarwild.		
… wenn sich das Fahrzeug zum Zeitpunkt des Unfalls in einem nicht verkehrssicheren Zustand befand.		
… wenn aus dem unverschlossenen Fahrzeug ein fest eingebautes Navigationsgerät gestohlen wurde.		
… wenn aus dem verschlossenen Fahrzeug ein mobiles Navigationsgerät gestohlen wurde.		
… wenn außerhalb des Fahrzeugs unter Verschluss gehaltene Räder mit Winterbereifung Schaden nehmen oder abhandenkommen.		

AUFGABE 6

Sind folgende Aussagen richtig oder falsch? Kreuzen Sie an.

Bei folgenden Angaben handelt es sich um sogenannte „subjektive Risiken":

Aussage	richtig	falsch
Tarif- bzw. Berufsgruppe, der der Versicherte zugeordnet ist		
Regionalklasse, der der Zulassungsbezirk zugeordnet ist		
Fahrerkreis, den der Versicherte angegeben hat		
Typklasse, der der Fahrzeugtyp zugeordnet ist		
Fahrleistung in Kilometer, die der Versicherte angegeben hat		
Alter des jüngsten Fahrers, den der Versicherte angegeben hat		
Alter des Fahrzeugs bei der Zulassung		

2.2 Zusätzlich erwerbbare Leistungen – Schlüssel zur Kundenbindung

EINSTIEGSSITUATION

Das Autohaus Köppel bietet verschiedene Garantieleistungen an. Es kommt immer wieder zu Missverständnissen über die dabei verwendeten Begriffe. Auch diese sollen in dem zu erstellenden Flyer erläutert werden.

Lernfeld 8

AUFGABE 1

Unterscheiden Sie die Begriffe Gewährleistung, Kulanz und Garantie.

AUFGABE 2

Sind folgende Aussagen zur Garantie richtig oder falsch? Kreuzen Sie an.

Aussage	richtig	falsch
Garantie und Gewährleistung meinen dasselbe.		
Im Rahmen der Gewährleistung kann der Kunde nach zwei erfolglosen Nachbesserungen Ersatzlieferung verlangen.		
Ein Neuwagenkunde kann alle Inspektionen auch in einer freien Werkstatt durchführen lassen, ohne Folgen für die Garantie.		
Ein Neuwagenkunde kann anfallende Reparaturarbeiten im Rahmen der Garantie auch in einer freien Werkstatt durchführen lassen. Diese muss jedoch Originalersatzteile des Herstellers verwenden.		
Gebrauchtwagengarantien dürfen grundsätzlich eine Werkstattbindung enthalten.		
Eine Gebrauchtwagengarantie, die vom Autohaus selbst gegeben wird, darf den Kunden im Garantiefall an die Werkstatt binden.		

Weitere Dienstleistungen des Autohauses

AUFGABE 3

Erläutern Sie die folgenden zusätzlich erwerbbaren Leistungen Ihres Autohauses, indem Sie die folgende Tabelle ergänzen.

Garantieangebot	Erläuterung
Neuwagenanschlussgarantie	
Gebrauchtwagengarantie	
Mobilitätsgarantie	
Wartungs- und Inspektionspaket	

Lernfeld 8

3 Leasing aus buchhalterischer Sicht

EINSTIEGSSITUATION

Pascal Palm fragt Nora Braun, ob sie ihm die buchhalterische Vorgehensweise beim Leasing anhand des folgenden Beispiels mit einem Schaubild erklären kann.

Beispiel:
Der Neufahrzeugverkäufer Max Tursch verleast ein Neufahrzeug Modell Luxor-Limousine, 5-türig, 220 PS, Benziner an den neuen Kunden Klaus Schmidt, Im- und Export GmbH, Trier. Das Fahrzeug wird von der Michaelis Importgesellschaft mbH zum Einkaufswert netto zuzüglich 650,00 € netto Überführungskosten an das Autohaus Köppel geliefert. Die Zulassungskosten für die Luxor-Limousine betragen 35,00 €. Das Fahrzeug wird zum Händlereinkaufspreis an die Michaelis-Leasing GmbH verkauft. Die Vermittlungsprovision fällt in Höhe der Differenz zwischen UPE brutto und Händlereinkaufspreis brutto an und wird der Michaelis-Leasing GmbH vom Autohaus Köppel in Rechnung gestellt. Bei Übergabe des Fahrzeugs werden an den Kunden Klaus Schmidt insgesamt 800,00 € netto Zulassungs- und Überführungskosten, davon 35,00 € Zulassungsgebühren, sowie eine vereinbarte Mietsonderzahlung von 1 500,00 € vom Autohaus Köppel in Rechnung gestellt.

■ AUFGABE 1

Stellen Sie die Zusammenhänge grafisch dar. Nutzen Sie dazu das folgende Schema.

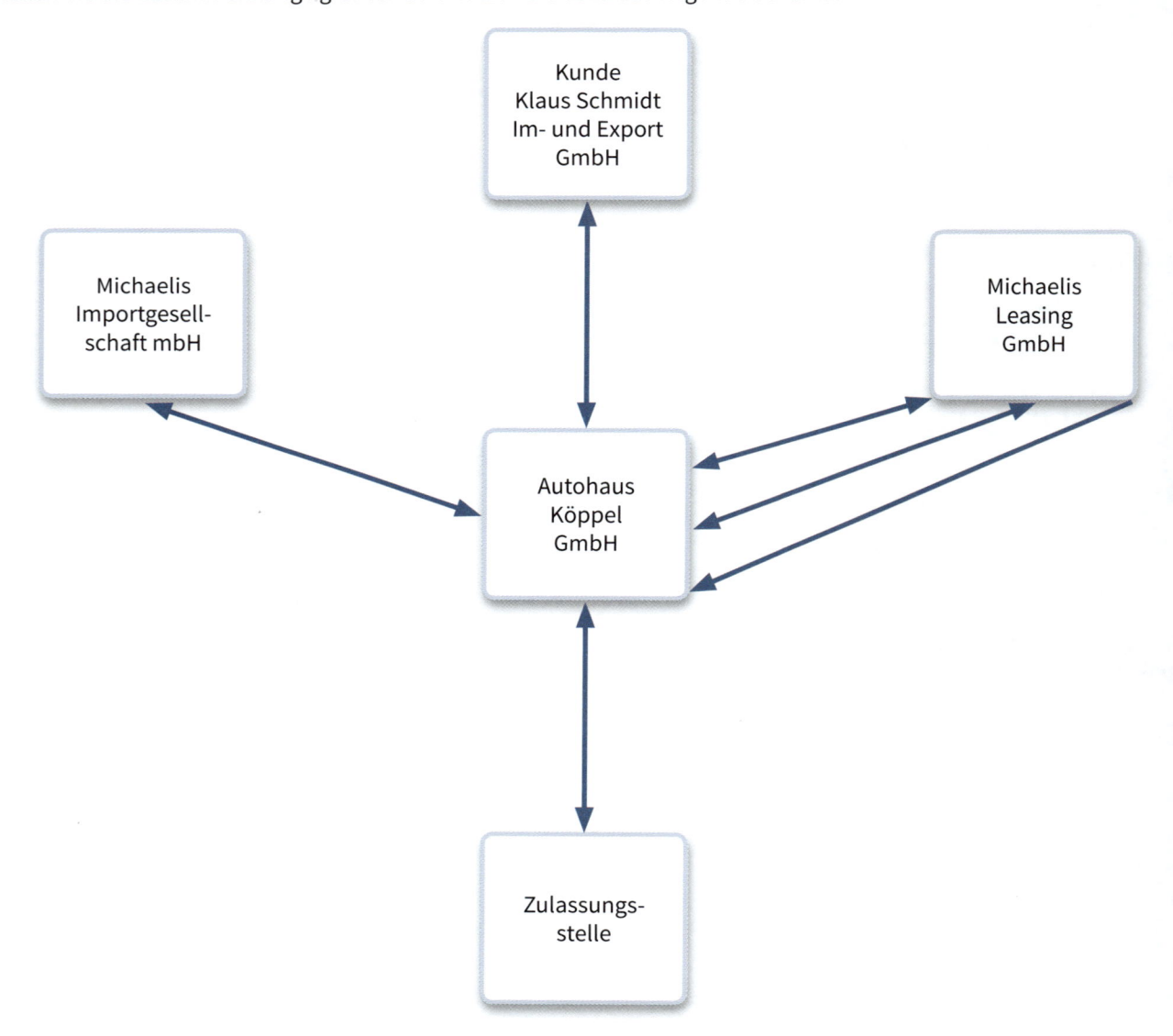

Anhang

Zusatzmaterial zu S. 7

DIN-Regeln für Tabellen

Auszug aus der DIN 5008:

Positionierung

Tabellen sollten einschließlich ihres Rahmens innerhalb der Seitenränder stehen. Tabellen sollten zentriert zwischen den Seitenrändern ausgerichtet werden. Tabellen sind mit einem angemessenen Abstand – mindestens eine Leerzeile – vom vorangehenden und zum nachfolgenden Text anzuordnen. Eine Tabelle soll vollständig auf einer Seite stehen. Ist dies nicht möglich, muss der Tabellenkopf auf der Folgeseite wiederholt werden.

Überschrift

Jede Tabelle hat eine Überschrift. Sie darf auch in den Tabellenkopf integriert sein. Auf die Überschrift darf verzichtet werden, wenn der Inhalt der Tabelle aus dem vorangehenden Text hervorgeht.

Tabellenkopf und Vorspalte

Der Tabellenkopf enthält alle Spaltenbezeichnungen und bei Bedarf eine Kopfbezeichnung. Die Vorspalte einer Tabelle enthält die Vorspaltenbezeichnung und alle Zeilenbezeichnungen. Tabellenköpfe sind durch waagerechte oder senkrechte Trennungslinien übersichtlich zu gliedern. Sie Spaltenbeschriftungen im Tabellenkopf sollten zentriert werden. Die Vorspalte sollte linksbündig beschriftet werden....

Felder

Texte in Feldern sollten linksbündig, Zahlen in Feldern rechtsbündig ausgerichtet werden.

Typografische Regeln (Gestaltungsregeln)

Unter Typografie versteht man die Schriftform sowie die Schriftart, die z. B. für das Erstellen von Briefen verwendet wird. Die typografischen Regeln sollten unbedingt beim Erstellen von Dokumenten eingehalten werden, um so den Lesefluss eines Textes zu verbessern. Es wird bei Hervorhebungen zwischen schwachen, mittleren und starken Hervorhebungen unterschieden:

Hervorhebungsart	Erklärung	Beispiel
schwache Hervorhebung	Fallen erst während des Lesen eines Textes auf. Hierzu zählen Anführungszeichen sowie Kursivschrift	„heute" *Kursiv*
mittlere Hervorhebung	Fett, Farbeinsatz, Unterstreichen	**Fett**, Farben, <u>Unterstreichen</u>
starke Hervorhebung	Einrücken, Zentrieren	Einrücken Zentrieren

> **TIPP**
> - nicht mehr als 3 verschiedene Schriftarten, Schriftfarben und Schriftgrößen verwenden
> - nicht mehr als 3 verschiedene Schriftformatierungen verwenden (fett, kursiv, unterstrichen...)
> - möglichst immer serifenlose Schriften verwenden (wegen der Lesbarkeit)
> - Satzzeichen mitformatieren (Kann-Regelung in DIN – der Lesefluss wird jedoch durch das Mitformatieren verbessert)
> - Text über das ganze Blatt verteilen
> - Überschrift immer 1/3 größer als der Rest des Textes
> - nur sinnvolle Grafiken/ClipArts verwenden, die zum Text passen
> - Einrückungen/Zentrierungen sparsam einsetzen

Anhang

Zusatzmaterial zu S. 34

Was ist ein Mindmap?

Ein Mindmap ist eine visuelle „Landkarte" die die einzelnen Gedanken zu einem bestimmten Themenbereich enthält.

Das „Mindmapping" wurde in den 70er Jahren von Tony Buzan erfunden und soll dem Nutzer das Ausarbeiten oder Darstellen eines bestimmten Themenbereichs erleichtern. Ein Mindmap ist folgendermaßen aufgebaut:

In der Mitte des Mindmaps steht immer das Thema. An den einzelnen „Ästen", die in alle Richtungen vom Thema aus weggehen, werden die ganzen Gedanken gesammelt. Die so entstehenden „Landkarten" prägen sich im Gehirn viel leichter ein. Außerdem enthalten sie kurz und knapp alle wichtigen Informationen zu dem Themenbereich.

Grundregeln

Am besten das Blatt im Querformat verwenden. In der Mitte des Mindmaps (Herz) steht das Thema. Dieses kann auch bildlich dargestellt werden.

Von dem zentralen Thema werden für jeden „Obergedanken" Hauptäste eingefügt. Punkte, die nun zu den Obergedanken zählen, werden als Unteräste an die Hauptäste gehangen. Die Gedanken werden nun stichpunktartig auf den einzelnen Ästen vermerkt. Oft ist es sinnvoll, auch hier anstelle von Worten Bilder zu verwenden, getreu dem Sprichwort „Bilder sagen mehr als tausend Worte."

> **Keine Sätze, möglichst nur Schlagwörter verwenden!**

Auch Farben lockern auf und ordnen Gedanken zu. So kann z. B. ein Obergedanke mit den dazu gehörigen Unterästen in grün eingefügt werden, der nächste Obergedanke mit seinen Unterästen wird rot formatiert, usw. Dies erhöht die Übersichtlichkeit.

Ebenso Symbole, geometrische Figuren, Bilder oder sogar Sinnbilder tragen dazu bei, dass das Mindmap sich einprägt.

Soll das Mindmap nur als „Gedankensammlung" dienen, kann es auch zuerst „wild" erstellt werden, also ohne Zuordnung der Gedanken. Später wird eine entsprechende Clusterung (Sortierung) in einem neuen Mindmap vorgenommen.

Mindmaps mithilfe von verschiedenen Programmen erstellen

Mit beispielsweise dem Programm MindManager lassen sich schnell und einfach Mindmaps erstellen.

Vorgehensweise

Programm öffnen - ein leeres Blatt wird sichtbar. Durch klicken in die Mitte des Dokuments, kann dort das Hauptthema eingefügt werden. Rechte Maustaste – Ast hinzufügen – ermöglicht es, einen neuen Ast hinzuzufügen. Unteräste werden hinzugefügt, indem man den Hauptast markiert – rechte Maustaste betätigt – Ast hinzufügen auswählt. Der Unterast wird eingefügt.

Bildquellenverzeichnis

Bild und Technik - Michele Di Gaspare, Bergheim / Bildungsverlag EINS GmbH, Köln: S. 73, 74

DAT Deutsche Automobil Treuhand GmbH, Ostfildern: S. 41

fotolia.com: S. 31 (Trueffelpix)

Cover: iStock.com (Wavebreakmedia), links; fotolia.com (gzorgz), rechts oben; fotolia.com (Stasique), rechts Mitte; fotolia.com (pressmaster), rechts unten; fotolia.com (WavebreakmediaMicro), Hintergrund